W0229314

Suppen & Eintöpfe

Suppen & Eintöpfe

Brühen und Essenzen

Kalte Suppen

Cremesuppen

Eintöpfe

Das große Plus

Suppe? Der Feinschmecker
Marquis de Cussy (1766–1837) war
dagegen. Er fand, so wie ein gutes Buch
keines Vorwortes bedürfe,
bedürfe ein gutes Essen keiner Suppe.
Wie Sie soeben feststellen, sind wir
anderer Ansicht. Wir mögen Vorwörter.

Es ist vermutlich eine Art genetisches Urprogramm, was uns die Liebe zur Suppe eingibt, ebenso wie zu ihrem großen Bruder, dem Eintopf. Denn kurz nachdem Homo sapiens das Feuer erfunden hatte, erfand er auch das Kochen mit Wasser. In der Steinzeit in Kochsäcken, später in Kesseln. Oder vielmehr: In einem Kessel. Denn Kupfer, Eisen und Bronze waren teuer, und mehr als einen Topf konnten sich nur wenige leisten.

In den kam alles, was zur Verfügung stand: Getreide, Gemüse, Fleisch, Kräuter. Das hatte mehrere Vorteile: Arme Leute hatten kaum Fleisch. Und wenn, war es zäh. Und wie macht man zähes Fleisch essbar? Durch langes Garen in Salzwasser. Und wie macht man Gemüse, Getreide und Zutaten aller Art lange genießbar? Indem man sie gleich mitkocht. So entstand der – im wahrsten Sinne des Wortes – Eintopf. Und er war gut. Er wärmte Seele und Magen.

Dass sich mit einem Eintopf vortrefflich experimentieren lässt, sprach sich bald auch in den besseren Kreisen rum. Man kann ihn verlängern, dann wird er zur Suppe. Man kann alle festen Bestandteile aussieben, dann wird die Suppe zur Brühe, man kann sie zur Creme binden, zum Fond reduzieren, man kann sie kalt oder warm servieren, als Vorspeise, Hauptspeise oder Zwischengang. Man kann alles hineinwerfen, was man hat, oder nur eine einzige Zutat. Hofköche erfanden bald die tollsten Rezepte, Feinschmecker schrieben Abhandlungen über die Suppe, Politiker erklärten sie zum Allheilmittel gegen Armut und Unterernährung. Die Suppe ertrug all das mit Gelassenheit und blieb, wie sie war: gut. Schon allein dafür hat sie einen Orden verdient. Und dieses Buch!

Brühen und Essenzen

Diese Essenzen und Brühen sind eine zierliche Verbeugung
vor einem Aroma, eine kleine Liebeserklärung an ein köstliches
Produkt. Und wie alle Liebeserklärungen sind sie am schöns-
ten, wenn man sie so ganz locker zwischendurch serviert.

Rindsbouillon mit Käseschöberl

gut vorzubereiten

4	**Portionen**
	Zubereitungszeit 45 Min.
Pro Portion	**ca. 225 kcal, E 15 g, F 11 g, KH 16 g**

2	Eier
60 g	Mehl
	Salz
20 g	frisch geriebener Bergkäse
½ Bund	Schnittlauch
1 l	Rinderbrühe (selbst gemacht, siehe Tipp Seite 29) oder Rinderfond aus dem Glas frisch gemahlener Pfeffer

• Backofen auf 220° (Umluft 180°, Gas Stufe 5) vorheizen. Für die Käseschöberl die Eier trennen. Eiweiße mit den Quirlen des Handrührgerätes steif schlagen. Zuerst die Eigelbe, dann Mehl, Salz und den Käse unter den Eischnee heben.

• Ein Backblech mit Backpapier auslegen und eine Fläche von 15 × 15 cm eingrenzen; das geht gut mit einem verstellbaren Backrahmen oder mit Alufolie. Die Biskuitmasse auf das Backblech streichen und im Ofen 8–10 Min. backen.

• Herausnehmen und die Biskuitplatte stürzen. Das Backpapier abziehen und den Biskuit abkühlen lassen.

• Biskuit zu Schöberl in Rauten schneiden. Schnittlauch abspülen, trocken schütteln und in Röllchen schneiden.

• Rinderbrühe erhitzen und mit Salz und Pfeffer abschmecken. Schöberl in Teller geben. Heiße Brühe zugießen und mit Schnittlauchröllchen bestreuen.

Tipps Statt Käse schmecken auch ein Esslöffel frisch gehackte Kräuter oder 20 Gramm feine Schinkenwürfel im Teig.

Käseschöberl auf Vorrat machen und einfrieren. Auftauen lassen und dann erst in die heiße Bouillon geben. Wenn sie gefroren in die Brühe kommen, kühlt diese zu schnell ab.

Rote-Bete-Consommé

für Gäste | schnell | einfach

4	**Portionen**
	Zubereitungszeit 30 Min.
Pro Portion	ca. 220 kcal, E 7 g, F 8 g, KH 30 g

400 ml	Kalbsfond (aus dem Glas)
600 ml	Rote-Bete-Saft (Reformhaus)
	Salz, frisch gemahlener Pfeffer
200 g	vorgekochte Rote Bete (vakuumverpackt)
½ Bund	Schnittlauch
100 g	Crème fraîche
2–3 TL	Meerrettich (aus dem Glas)
4 Scheiben	Nussbrot

• Fond in einen Topf geben, aufkochen und bei mittlerer Hitze auf etwa die Hälfte einkochen lassen.

• Rote-Bete-Saft dazugeben und erhitzen, aber nicht mehr kochen lassen. Mit Salz und Pfeffer abschmecken. Rote Bete zuerst in Scheiben und die Scheiben dann in Stifte schneiden. In die Suppe geben und erhitzen.

• Schnittlauch abspülen, trocken schütteln und in Röllchen schneiden. Suppe kurz vor dem Servieren mit Schnittlauchröllchen bestreuen.

• Crème fraîche und Meerrettich verrühren und mit Salz abschmecken. Nussbrot und Meerrettich-Crème-fraîche zur Suppe reichen.

Tipps Die Zutaten für diese edle Suppe könnten fast komplett aus dem Vorrat kommen.

Eine tolle Schärfe gibt eine kleine rote Chilischote oder – etwas milder – eine dicke Scheibe frischer Ingwer, die jeweils mitgekocht wird.

Aus den restlichen vorgekochten Roten Beten aus dem Vakuumpack wird ganz schnell ein Salat: Rote Bete in dünne Scheiben schneiden. Mit etwas Balsamessig, Salz und Pfeffer mischen und feinstes Olivenöl darübergeben. Noch ein bisschen gehackte Petersilie oder Koriander darüber – geht so einfach und schmeckt herrlich!

Fischsuppe mit Salat und Spießen

einfach | schnell | für Gäste

4	**Portionen**
	Zubereitungszeit 45 Min.
Pro Portion	**ca. 155 kcal, E 16 g, F 3 g, KH 2 g**

250 g	Pangasius-Filet
2	Zitronen
	Salz, frisch gemahlener Pfeffer
2	Knoblauchzehen
800 ml	Fischfond (aus dem Glas)
300 ml	trockener Weißwein oder Wasser mit etwas Zitronensaft
2 Stangen	Zitronengras
1	Salatherz

• Fischfilet abspülen, trocken tupfen und in Stücke schneiden. Zitronen auspressen. Fisch mit 6 EL Zitronensaft beträufeln und mit Salz und Pfeffer bestreuen. Fisch 30 Min. stehen lassen.

• Inzwischen Knoblauchzehen mit Schale halbieren. Fischfond, Weißwein, Zitronengras und halbierte Knoblauchzehen bei kleiner Hitze zugedeckt 10 Min. kochen lassen.

• Salat in Blätter zerteilen, abspülen und gut trocken schütteln. Salatblätter in Streifen schneiden.

• Fischstücke auf vier Holzspieße stecken. Fischspieße und Salat in der heißen Suppe bei kleiner Hitze in 5 Min. gar ziehen lassen.

• Die Suppe mit Salz und dem restlichen abgetropften Zitronensaft von der Fischmarinade abschmecken. In Tassen oder Teller füllen.

• Fischspieße darauf anrichten und alles mit grob gemahlenem Pfeffer bestreuen.

Tipp Noch attraktiver: Zitronengras je nach Dicke der Stangen halbieren oder vierteln. Die Fischwürfel statt auf Holzspieße darauf stecken. Das gibt zusätzlich ein tolles Aroma und sieht besonders dekorativ aus.

Kerbelsuppe *mit Brot*

vegetarisch | preiswert | schnell

4	**Portionen**
	Zubereitungszeit 30 Min.
Pro Portion	**ca. 230 kcal, E 7 g, F 14 g, KH 19 g**

1 Stück	Baguette vom Vortag (80 g)
3 EL	Butter
½ l	Vollmilch
½ l	Gemüsebrühe
4	Lauchzwiebeln
1 Bund	Kerbel
	Salz, frisch gemahlener Pfeffer
1 EL	Zitronensaft

- Baguette in dünne Scheiben schneiden. Butter in einer Pfanne erhitzen und Brotscheiben darin von beiden Seiten goldbraun braten.

- Milch und Brühe in einem Topf zusammen aufkochen und die Brotscheiben hineingeben.

- Lauchzwiebeln putzen, abspülen und schräg in Ringe schneiden. Kerbel abspülen, trocken schütteln und die Blättchen grob hacken.

- Lauchzwiebeln in die Suppe geben und die Suppe einmal aufkochen lassen. Mit Salz, Pfeffer und Zitronensaft abschmecken.

- Kurz vorm Servieren den Kerbel in die Suppe rühren.

Tipps Die Suppe sollte frisch gegessen und nicht aufgewärmt werden. Der Kerbel wird sonst blass und verliert seinen intensiven Geschmack.

Statt Kerbel ein Bund Basilikum nehmen, die Blätter fein schneiden und die Suppe mit frisch geriebenem Parmesan bestreuen. Dann wird's italienisch.

Frühlingssuppe *mit Flädle*

vegetarisch | für Gäste

4	Portionen		
	Zubereitungszeit 35 Min.		
Pro Portion	ca. 270 kcal, E 11 g, F 10 g, KH 34 g		

150 g	Mehl	250 g	grüner Spargel
1	Ei	2	Möhren
280 ml	Milch	2 EL	Öl
	Salz	1,2 l	Gemüsebrühe
1	Kohlrabi		Salz, frisch gemahlener Pfeffer
2	Knoblauchzehen	1 Kästchen	Gartenkresse

• Für den Pfannkuchenteig das Mehl in eine Schüssel sieben. Das Ei leicht verschlagen. Mehl, Ei, Milch und 1 Prise Salz zu einem dünnflüssigen Teig verrühren.

• Kohlrabi schälen, vierteln und in Stifte schneiden. Knoblauch abziehen und durch die Knoblauchpresse drücken.

• Spargel am unteren Ende schälen und die holzigen Endstücke abschneiden. Spargel abspülen und in mundgerechte Stücke schneiden.

• Möhren putzen, schälen und in Scheiben schneiden. 1 EL Öl in einem Topf erhitzen. Kohlrabi, Möhren und Knoblauch darin andünsten. Brühe zugießen und bei mittlerer Hitze zugedeckt 5–8 Min. kochen. Spargel zugeben und weitere 5 Min. kochen.

• Inzwischen in einer beschichteten Pfanne 1 EL Öl erhitzen und aus dem Teig vier dünne Pfannkuchen backen. Pfannkuchen aufrollen und in dünne Streifen (Flädle) schneiden. Suppe mit Salz und Pfeffer abschmecken.

• Flädle auf Suppentassen oder Teller verteilen. Die heiße Suppe darübergeben. Gartenkresse vom Beet schneiden und über die Suppe streuen.

Tipps Wenn Pfannkuchen übrig bleiben, mit Früchten, Eis und Ahornsirup als Dessert essen.

Statt Flädle Croûtons oder Eierstich (siehe Seite 139) in der Suppe servieren.

Spargel-Bollito *mit Salsa*

für Gäste

4 Portionen
Zubereitungszeit 30 Min.
Garzeit 2 Std.
Pro Portion ca. 730 kcal, E 43 g, F 58 g, KH 11 g

1,2 kg	gepökelte Rinderbrust (beim Metzger vorbestellen, Knochen mitgeben lassen)
1	Zwiebel
2	Nelken
1	Lorbeerblatt
je 300 g	weißer, grüner und violetter Spargel
200 g	Thaispargel
1 Bund	Kerbel
1 Bund	glatte Petersilie
40 g	Cashewkerne
2–3 TL	Meerrettich (aus dem Glas)
150 ml	Öl
	Salz

Tipp
Ein wunderbares Essen für Familienfeste, z. B. für die Konfirmation oder Kommunion.

• Fleisch, Knochen und etwa 1,5 l Wasser in einen großen Topf geben (das Fleisch sollte mit Wasser bedeckt sein). Zwiebel schälen, mit den Nelken spicken und zusammen mit dem Lorbeerblatt zum Fleisch geben. Alles langsam zum Kochen bringen und bei mittlerer Hitze 2 Std. gerade eben kochen lassen.

• Das Fleisch aus der Brühe nehmen und in Scheiben schneiden. Mit etwas Brühe bedeckt warm halten. Restliche Brühe durch ein feines Sieb gießen und aufkochen.

• Spargel schälen und in Stücke schneiden. Vom grünen Spargel nur die Enden abbrechen und den Thaispargel an den Enden knapp abschneiden. Abspülen.

• Den weißen und den violetten Spargel zuerst in die Brühe geben und 5 Min. kochen. Dann den grünen Spargel dazugeben und weitere 5 Min. kochen. Zum Schluss den Thaispargel dazugeben und noch 3 weitere Min. kochen.

• Für die Salsa die Kräuter abspülen, trocken schütteln und die Blätter fein hacken.

• Cashewkerne in einer Pfanne ohne Fett goldbraun rösten. Cashewkerne, Kräuter, Meerrettich und Öl im Blitzhacker pürieren und mit Salz abschmecken.

• Fleisch zum Spargel in die Brühe geben. Grüne Salsa dazu reichen.

Liebstöckelsuppe mit Mandelei

einfach | schnell

4	**Portionen**
	Zubereitungszeit 20 Min.
Pro Portion	**ca. 235 kcal, E 15 g, F 18 g, KH 4 g**

1 ½ Bund	Liebstöckel
2	Schalotten
4	Eier
4 EL	Sahne
3–4 EL	gemahlene Mandeln
2–3 EL	geriebener Bergkäse
	Salz, frisch gemahlener Pfeffer
30 g	Butter
800 ml	Gemüsefond (aus dem Glas)
400 ml	Geflügelfond (aus dem Glas)

● Liebstöckel abspülen, trocken schütteln und die Blättchen in Streifen schneiden. Schalotten abziehen und sehr fein würfeln.

● Eier, Sahne, Mandeln und Käse verschlagen und mit Salz und Pfeffer abschmecken.

● Butter in einem Topf erhitzen und Liebstöckel und Schalotten darin andünsten. Gemüse- und Geflügelfond zugießen und einmal aufkochen.

● Eier-Mandel-Sahne über einen Kochlöffelstiel in die siedende Suppe laufen und stocken lassen (nicht kochen!).

● Die Suppe sofort servieren.

Tipps Liebstöckel ist ein sehr intensives Kraut. Man nennt es auch Maggikraut. Statt Liebstöckel eignet sich für die Suppe auch die doppelte Menge Petersilie oder Kerbel, Brunnenkresse oder Löwenzahn.

Fond ist teuer. Die Suppe schmeckt auch mit Brühe aus dem Glas (Geflügel- oder Gemüsebrühe).

Knoblauchbouillon

vegetarisch | schnell | einfach

4	**Portionen**
	Zubereitungszeit 30 Min.
Pro Portion	**ca. 330 kcal, E 12 g, F 23 g, KH 19 g**

16	kleine frische Knoblauchzehen (etwa 35 g)
4 EL	Olivenöl
800 ml	Gemüsefond (aus dem Glas)
2 TL	Salz
3 TL	Paprikamark
½ TL	körnige Gemüsebrühe
70 g	geriebener Hartkäse (z. B. Parmesan- oder alter Gouda-Käse)
2	Eier
4 EL	Sahne
8 Scheiben	Baguette
½ Bund	glatte Petersilie

• Die Knoblauchzehen abziehen und je zwei Zehen auf ein Holzspießchen oder einen Zahnstocher stecken. 2 EL Olivenöl in einem Topf erhitzen und die Knoblauchspießchen darin kurz anbraten.

• Den Gemüsefond dazugießen. Salz, Paprikamark und körnige Brühe ebenfalls dazugeben und alles einmal aufkochen lassen.

• Käse, Eier und Sahne im Mixer pürieren. Die Mischung in einen tiefen Teller geben und die Brotscheiben darin wenden.

• Das restliche Öl in einer Pfanne erhitzen und die Brotscheiben darin von beiden Seiten goldbraun braten. Brot warm stellen.

• Petersilie abspülen, trocken tupfen, Blätter abzupfen und in millimeterbreite Streifen schneiden. Vor dem Servieren die Knoblauchspießchen entfernen und die Suppe mit Petersilienstreifen bestreuen. Die Brotscheiben dazu reichen.

Tipps Die gebratenen Knoblauchzehen können natürlich auch mitgegessen werden.

Wenn der Knoblauchgeschmack nicht so intensiv sein soll, einfach nur die Hälfte der Zehen nehmen.

Pilzbouillon
mit Thymian-Schöberl

vegetarisch | einfach

4	**Portionen**
	Zubereitungszeit 40 Min.
Pro Portion	**ca. 370 kcal, E 17 g, F 25 g, KH 18 g**

4	Eier
60 g	weiche Butter
½ Bund	Thymian
80 g	Mehl
60 g	geriebener Käse (z. B. Parmesan)
	Salz, frisch gemahlener Pfeffer
800 ml	Waldpilzfond (aus dem Glas)
evtl. 2 EL	Cassis (Schwarzer Johannisbeerlikör)
250 g	kleine Champignons

● Den Backofen auf 200° (Umluft 180°, Gas Stufe 4) vorheizen. Für die Schöberl Eier trennen. Butter und Eigelbe mit den Quirlen des Handrührgerätes schaumig schlagen. Eiweiße steif schlagen. Thymian abspülen, trocken schütteln, die Blättchen abstreifen und fein hacken. Vier Zweige für die Deko aufheben.

● Eischnee, Thymian, Mehl und Käse unter die Butter-Ei-Creme heben und mit Salz und Pfeffer abschmecken. Den Teig fingerdick auf ein mit Backpapier ausgelegtes Blech streichen.

● Die Teigplatte im vorgeheizten Backofen etwa 15 Min. backen. Abkühlen lassen und in Rauten schneiden.

● Für die Suppe den Pilzfond erhitzen und eventuell mit Cassis, Salz und Pfeffer abschmecken. Die Champignons putzen und vierteln. In den Fond geben und 5 Min. darin gar ziehen lassen.

● Die Schöberl in Suppenteller geben und mit der heißen Brühe auffüllen. Mit Thymianzweigen dekorieren. Sofort servieren.

Dazu Baguette

Tipp »Schöberl« ist ein mundartlich in Süddeutschland verbreiteter Ausdruck für Suppenbiskuits. Damit ist ein dünner ungesüßter Biskuitteig gemeint, der in Stückchen geschnitten als Suppeneinlage genommen wird.

Möhrenessenz *mit Fenchel*

für Gäste | gut vorzubereiten

8 **Portionen**
Zubereitungszeit 40 Min.
Garzeit 3 Std.
Ruhezeit 12 Std.
Pro Portion **ca. 20 kcal, E 3 g, F 0 g, KH 1 g**

1 kg	Rinderbeinscheiben	2 TL	schwarze Pfefferkörner
1 Bund	Suppengrün		Salz, frisch gemahlener Pfeffer
2	Zwiebeln		Zitronensaft oder trockener
1,5 kg	Möhren		Sherry
2	Lorbeerblätter	150 g	Fenchel

• Fleisch kalt abspülen. Suppengrün putzen, abspülen und grob würfeln. Die Zwiebeln mit Schale halbieren. Möhren putzen, schälen und grob zerkleinern (2 bis 3 Möhren beiseite legen).

• Die vorbereiteten Zutaten und 2 l Wasser langsam aufkochen lassen. Eventuell abschäumen. Gewürze zufügen, die Brühe leicht salzen und etwa 3 Std. bei kleiner Hitze gerade eben kochen lassen. Verdampfte Flüssigkeit mit Wasser auffüllen.

• Die Möhrenessenz durch ein feuchtes Mulltuch gießen und über Nacht stehen lassen (die Trübstoffe sinken nach unten ab und man kann die klare Brühe dann vorsichtig abnehmen).

• Erkaltetes Fett abnehmen. Möhrenessenz in einem Topf erhitzen und mit Salz, Pfeffer und etwas Zitronensaft oder Sherry abschmecken. Fenchel putzen und den Strunk entfernen. Fenchel auf einer Gemüsereibe fein hobeln.

• Restliche Möhren in feine Streifen schneiden. Möhren und Fenchel auf Tassen verteilen und mit der heißen Essenz auffüllen.

Tipps So wird aus der Möhrenessenz eine Rinderbrühe: Die Möhren durch ein Bund Suppengrün ersetzen und alles wie im Rezept beschrieben kochen. Eine Rinderbrühe braucht man z. B. für das Rezept Rindsbouillon mit Käseschöberl (Seite 11).

Kräftiger wird die Brühe, wenn sie reduziert wird (bei großer Hitze etwa auf die Hälfte einkochen lassen).

Feine Fischsuppe

schnell | einfach

2	**Portionen**
	Zubereitungszeit 30 Min.
Pro Portion	**ca. 310 kcal, E 38 g, F 15 g, KH 4 g**

je 150 g	Lachs- und Lengfischfilet
2	rohe ungeschälte Riesengarnelen
1	kleine Zwiebel
1	Knoblauchzehe
1 EL	Olivenöl
1 Würfel	TK-Blattspinat (118 g)
4	kleine Safranfäden
400 ml	Fischfond (aus dem Glas)
¼ l	Gemüsefond (aus dem Glas) oder Brühe
evtl. 2 EL	weißer Wermut (z. B. Noilly Prat)

• Fisch kalt abspülen, trocken tupfen und in mundgerechte Würfel schneiden. Garnelen aus der Schale lösen, längs halbieren und dabei den Darm entfernen.

• Zwiebel und Knoblauch abziehen und fein würfeln. Olivenöl in einem Topf erhitzen und Zwiebel und Knoblauch darin glasig dünsten.

• Spinat, Safran und Fischfond dazugeben. Spinat in der Brühe zunächst auftauen lassen und dann erhitzen.

• Gemüsefond in einem zweiten Topf aufkochen und den Fisch und die Garnelen darin 2 Min. gar ziehen lassen. Mit einer Schaumkelle herausnehmen und warm halten.

• Gemüsefond durch ein feines Sieb zur Suppe gießen, damit die Suppe klar bleibt. Fisch und Garnelen zufügen und mit Salz und eventuell Wermut abschmecken.

Dazu geröstetes Baguette mit Knoblauchmayonnaise

Tipp Knoblauchmayonnaise gibt es als Aioli fertig zu kaufen. Und sie ist schnell selbst gemacht: Mayonnaise nach Geschmack mit frisch gepresstem Knoblauch verrühren und mit etwas Zitronensaft und einer Prise Zucker abschmecken. Oder einfach Knoblauch-Quark oder Frischkäse auf die Brotscheiben streichen.

Klare Radieschensuppe

vegetarisch | einfach | preiswert

6	**Portionen**
	Zubereitungszeit 40 Min.
Pro Portion	ca. 70 kcal, E 1 g, F 4 g, KH 8 g

2	rote Zwiebeln
2	Knoblauchzehen
150 g	Knollensellerie
3	weiße Rübchen (Mairübchen, Navetten, Teltower Rübchen)
3 Bund	Radieschen
4 EL	Öl
2 EL	Zucker
2 Päckchen	Gemüsepaste (à 40 g, z. B. von Lacroix)
	Salz, frisch gemahlener Pfeffer
3 EL	Zitronensaft
3 EL	Mehl

• Für die Suppe Zwiebeln und Knoblauch abziehen und hacken. Sellerie und Rübchen schälen und in Würfel schneiden. Radieschen mit den Blättern abspülen. 8 bis 10 Radieschen und einige Blätter für später beiseitelegen. Den Rest in Scheiben schneiden und die Hälfte der Blätter grob hacken.

• 1 EL Öl in einem Topf erhitzen. Zwiebeln, Knoblauch, Sellerie, Rübchenwürfel und Radieschenscheiben und -blätter zusammen mit dem Zucker andünsten.

• Gemüsepaste und 1,2 l Wasser dazugeben und etwa 15 Min. kochen lassen. Radieschensuppe durch ein feines Sieb gießen. Suppe mit Salz, Pfeffer und Zitronensaft abschmecken.

• Das Mehl mit 120 ml Wasser verrühren. Restliche Radieschen in Scheiben schneiden. Restliches Öl in einer kleinen Pfanne erhitzen. Radieschenscheiben und -blätter im Mehlwasser wenden und im heißen Öl ausbacken.

• Gebackene Radieschenscheiben und -blätter kurz auf Küchenpapier abtropfen lassen und als Einlage in die Suppe geben.

Tipp Das ganze Gemüse einfach in der Brühe lassen, dann wird ein Radieschen-eintopf daraus.

Asiatische Hühnersuppe

gut vorzubereiten | braucht Zeit | einfach

6	Portionen		
	Zubereitungszeit 45 Min.		
	Garzeit 1 Std. 30 Min.		
Pro Portion	ca. 200 kcal, E 31 g, F 6 g, KH 4 g		

1	Hähnchen (etwa 1,2 kg)	Sojasauce
2 Bund	Suppengrün	evtl. Salz
1 Stück	frischer Ingwer (35 g)	Limettensaft
1–2	rote Chilischoten	evtl. Chilischoten, Limetten-
2 EL	Öl	scheiben und grober Pfeffer
2	Lorbeerblätter	zum Garnieren

• Das Hähnchen innen und außen abspülen und trocken tupfen. Suppengrün putzen und schälen. Ein Bund in grobe Würfel schneiden, den Rest beiseitestellen. Ingwer schälen, in Stücke schneiden und diese grob zerdrücken. Chili abspülen und grob hacken (mit Küchenhandschuhen arbeiten!).

• Das Öl in einem großen Topf erhitzen, Hähnchen darin rundherum goldbraun anbraten. Gewürfeltes Suppengrün, Ingwer, Chili und Lorbeerblätter zugeben. Etwa 2,3 l Wasser dazugießen und mit etwas Sojasauce würzen. Aufkochen und offen bei kleiner Hitze 1 Std. 30 Min. köcheln lassen. Gelegentlich den Schaum abschöpfen.

• Das Hähnchen herausnehmen und abkühlen lassen. Die Brühe durch ein feines Sieb gießen und etwa 20 Min. bei starker Hitze einkochen lassen. Mit Sojasauce und eventuell etwas Salz würzen.

• Restliches Suppengrün in feine Streifen schneiden. Hähnchenfleisch von Haut und Knochen lösen und in mundgerechte Stücke teilen. Gemüsestreifen und Hähnchenfleisch in die Suppe geben und etwa 5 Min. darin kochen.

• Suppe mit Limettensaft und Sojasauce abschmecken. In Schälchen anrichten, eventuell mit Chilischoten und Limettenscheiben garnieren und mit grobem Pfeffer bestreuen.

Tipp Noch mehr Asia-Aroma: statt Lorbeerblätter Kaffir-Limettenblätter verwenden. Die gibt's im Asia-Laden. Sie lassen sich übrigens gut einfrieren.

Klassiker

Hühnersuppe

Die beste Hühnersuppe wird aus einem guten Suppenhuhn gekocht. Das dauert zwar etwas länger, dafür schmeckt die Suppe besonders kräftig. Und sie macht gesund bei Husten, Schnupfen und Heiserkeit.

8 **Portionen**
Zubereitungszeit 30 Min.
Garzeit 2 Std.
Pro Portion ca. 460 kcal, E 31 g, F 27 g, KH 25 g

1	Suppenhuhn (etwa 2,5 kg)	1 Bund	glatte Petersilie
	Salz	3–4	Möhren
1 Bund	Suppengrün	200 g	Fadennudeln
1	Zwiebel	250 g	TK-Erbsen
2	Lorbeerblätter		frisch gemahlener Pfeffer
5	Pfefferkörner		

• Das Huhn gründlich innen und außen abspülen und den Bürzel (Fettdrüse am Schwanz) abschneiden. Huhn in einen großen Topf geben und so viel kaltes Wasser dazugeben, dass das Huhn knapp davon bedeckt ist. Salzen und aufkochen lassen. Den Schaum von Zeit zu Zeit abschöpfen (Step 1).

• Das Suppengrün putzen, abspülen und würfeln (Step 2). Zwiebel mit Schale halbieren. Suppengrün, Lorbeer, Pfefferkörner, Zwiebelhälften und 2 Stängel Petersilie dazugeben und alles bei kleiner Hitze 2 Std. kochen lassen.

• Das Huhn herausnehmen, abkühlen lassen und das Fleisch von Haut und Knochen lösen (Step 3). Das Fleisch in mundgerechte Stücke schneiden. Die Brühe durch ein feines Sieb gießen.

• Möhren schälen, in Stücke schneiden und in der Brühe je nach Größe der Stücke etwa 5–8 Min. kochen lassen. Nudeln in den letzten 3 Min. mitkochen lassen. Erbsen zufügen und Brühe aufkochen.

• Das Hühnerfleisch in die Suppe geben und mit Salz und Pfeffer abschmecken. Die restliche Petersilie abspülen, trocken schütteln und hacken. Kurz vorm Servieren über die Hühnersuppe streuen.

Tipp **Die Zwiebel kommt mit der Schale in die Brühe, weil sie der Suppe eine schöne goldene Farbe gibt.**

Zwiebelsuppe

vegetarisch | preiswert | einfach

4	**Portionen**
	Zubereitungszeit 40 Min.
Pro Portion	**ca. 315 kcal, E 11 g, F 19 g, KH 19 g**

200 g	Zwiebeln
50 g	Butter
25 g	Mehl
⅛ l	Weißwein oder Brühe mit etwas Zitronensaft
½ l	Gemüsebrühe
1 TL	getrockneter Thymian
	Salz, frisch gemahlener Pfeffer
100 g	Greyerzer-Käse
8 Scheiben	Baguette

● Die Zwiebeln abziehen und in feine Ringe schneiden oder auf dem Gemüsehobel hobeln.

● Den Backofen eventuell auf 240° (Umluft 220°, Gas Stufe 6) vorheizen.

● Die Butter in einem Topf erhitzen und die Zwiebelringe darin andünsten, aber nicht braun werden lassen.

● Das Mehl darüberstäuben und gut durchrühren. Den Wein dazugießen und etwa 2 Min. kochen lassen. Brühe und Thymian dazugeben und aufkochen lassen. Zwiebelsuppe bei kleiner Hitze 10 Min. kochen lassen und mit Salz und Pfeffer würzen.

● Den Käse reiben und das Baguette toasten oder im Backofen rösten.

● Die Suppe in vier ofenfeste Suppentassen geben und die Brotscheiben darauf legen. Mit dem Käse bestreuen und servieren.

● Oder im vorgeheizten Backofen etwa 10 Min. überbacken, bis der Käse geschmolzen ist. Die Suppe sofort servieren.

Tipps Wer keine ofenfesten Suppentassen hat, kann die Brotscheiben mit dem Käse bestreuen und auf einem Backblech im Ofen überbacken. Dann werden sie auf die Suppe gelegt.

Für viele Gäste statt normaler Haushaltszwiebeln große Gemüsezwiebeln nehmen, das spart Zeit und Arbeit.

Kalte Suppen

Der Satz: »Die Suppe ist kalt!« war früher der Auftakt zu
vielen Gast-im-Restaurant-Witzen. Heute ist er der Auftakt
zu einem wunderbaren Sommertag oder -abend und einem
herrlich erfrischenden Imbiss.

Tomatensuppe *mit Oliveneis*

vegetarisch | braucht etwas Zeit | raffiniert

6	**Portionen**
	Zubereitungszeit 50 Min.
	Gefrierzeit 40 Min.
Pro Portion	**ca. 445 kcal, E 11 g, F 22 g, KH 48 g**

1 kg	Fleischtomaten	1	Zitrone
4–6	Aprikosen (300 g)	2–3 Stängel	Basilikum
1	Zwiebel	600 g	fettreduzierter Frischkäse
	Salz, frisch gemahlener Pfeffer		(mit Joghurt; 16 % Fett)
200 g	Zucker	1 EL	Aprikosenkonfitüre
250 g	grüne Oliven (ohne Stein)		

• Für die Tomatensuppe die Tomaten abspülen, trocken tupfen und den Stielansatz keilförmig herausschneiden. Die Tomaten in Stücke schneiden.

• Aprikosen abspülen und entsteinen. Die Zwiebel abziehen und grob würfeln. Tomaten, Aprikosen und die Zwiebel portionsweise mit dem Stabmixer oder in der Küchenmaschine pürieren, durch ein Sieb streichen oder durch die Flotte Lotte drehen. Suppe mit Salz und Pfeffer abschmecken und im Kühlschrank gut durchkühlen lassen.

• Für das Oliveneis 200 ml Wasser und den Zucker unter Rühren aufkochen lassen und so lange kochen, bis sich der Zucker aufgelöst hat. Den Sirup ganz abkühlen lassen.

• Die Oliven abtropfen lassen und nicht zu fein hacken. Den Zitronensaft auspressen. Basilikum abspülen, trocken schütteln und etwa acht Blätter in feine Streifen schneiden. Restliches Basilikum zum Dekorieren beiseitelegen.

• Abgekühlten Sirup, Frischkäse, gehackte Oliven, Basilikumstreifen, Aprikosenkonfitüre und Zitronensaft verrühren. Die Masse in die laufende Eismaschine gießen und etwa 40 Min. cremig gefrieren lassen. Das Eis anschließend in eine Gefrierdose füllen und bis zum Servieren in den Tiefkühler stellen.

• Tomatensuppe auf Teller verteilen und mit je einer Kugel Oliveneis und einem Basilikumblatt anrichten.

Geeistes Tomatensüppchen

vegetarisch | gut vorzubereiten | fettarm

4	**Portionen**
	Zubereitungszeit 50 Min.
	Gefrierzeit 3 Std.
Pro Portion	ca. 130 kcal, E 3 g, F 6 g, KH 14 g

800 g	Tomaten	750 ml	Gemüsefond (aus dem Glas)
2	Lauchzwiebeln (100 g)	½	Limette
1 Stück	frischer Ingwer (2 cm)		Salz, frisch gemahlener Pfeffer
1	rote Chilischote	80 ml	H-Milch
1 Stängel	Zitronengras	1 TL	getrocknete Chiliflocken
2 EL	Öl		oder Rosenpaprika
1 EL	brauner Zucker		

● Tomaten mit kochendem Wasser übergießen und kurz stehen lassen, bis die Haut platzt. Tomaten abgießen, kalt abspülen und häuten. Tomaten vierteln, dabei den Stielansatz und die Kerne entfernen.

● Lauchzwiebeln putzen, abspülen und in feine Ringe schneiden. Ingwer schälen und fein hacken. Chili abspülen und in feine Ringe schneiden (mit Küchenhandschuhen arbeiten!). Zitronengras flach drücken.

● Das Öl in einem Topf erhitzen. Den Zucker dazugeben und leicht bräunen (karamellisieren) lassen. Die Tomatenviertel dazugeben und kurz dünsten. Ingwer, Zitronengras, Lauchzwiebeln, Chili und Fond dazugeben. Alles aufkochen und bei kleiner Hitze 5 Min. gerade eben kochen lassen.

● Limette heiß abspülen, trocken tupfen und die Schale fein abreiben. Den Saft auspressen. Tomatensuppe mit Limettenschale und -saft, Salz und Pfeffer abschmecken. Zitronengras entfernen.

● Die Suppe mit dem Stabmixer pürieren und durch ein Sieb streichen. Im Tiefkühler mindestens 3 Std. gefrieren lassen.

● Milch zimmerwarm erwärmen und mit einem Milchaufschäumer schaumig rühren. Zum Servieren die angefrorene Suppe mit dem Stabmixer aufschlagen, in Suppenschalen oder – für viele Portionen – Espresso-Tassen füllen und mit einem Teelöffel den Milchschaum daraufsetzen. Mit getrockneten Chiliflocken bestreuen und sofort servieren.

Dazu   hauchdünne geröstete Weißbrotscheiben

Gekühlte Brennnesselsuppe

raffiniert | einfach

4	**Portionen**
	Zubereitungszeit 30 Min.
	Kühlzeit 2 Std.
Pro Portion	**ca. 250 kcal, E 7 g, F 17 g, KH 14 g**

1	Schalotte
1	kleine Knoblauchzehe
25 g	Brennnesselblätter
1 EL	Butter
100 g	Sahne
600 g	Vollmilchjoghurt
50–75 ml	trockener Weißwein
	Salz, frisch gemahlener Pfeffer
	etwas körnige Brühe
	Zucker
4 Scheiben	luftgetrockneter Schinken (z. B. Parma- oder Serranoschinken)
8	Grissini-Stangen

• Die Schalotte abziehen und in feine Würfel schneiden. Knoblauch abziehen und hacken. Brennnesselblätter putzen, gründlich abspülen und in einem Sieb abtropfen lassen (mit Küchenhandschuhen arbeiten).

• Die Butter erhitzen und die Schalotte und den Knoblauch darin glasig dünsten. Die abgetropften Brennnesselblätter und 3–4 EL Wasser in den Topf geben und zugedeckt bei kleiner Hitze 4–5 Min. dünsten. Das Ganze abkühlen lassen.

• Brennnesselblätter fein hacken und mit der Sahne, dem Joghurt und dem Wein mit dem Stabmixer fein pürieren. Die Suppe mit Salz, Pfeffer, etwas Brühe und Zucker abschmecken und mindestens 2 Std. kalt stellen.

• Die Schinkenscheiben längs halbieren und je eine Hälfte um jede Grissini-Stange wickeln. Die gekühlte Brennnesselsuppe in Portionsschalen füllen und mit den Schinken-Grissini-Stangen servieren.

Tipps Frische Brennnesselblätter nur mit Handschuhen anfassen; nach dem Erhitzen brennen sie nicht mehr.

Die Blätter nur dort sammeln, wo nicht gegen Unkräuter gespritzt wird; nicht an stark befahrenen Straßen. Die Schadstoffe können sich in den Blättern sammeln.

Geeiste Spargelcremesuppe

für Gäste | gut vorzubereiten

4	**Portionen**
	Zubereitungszeit 50 Min.
	Kühlzeit 1 Std.
Pro Portion	**ca. 310 kcal, E 8 g, F 23 g, KH 13 g**

1 kg	Bruch- oder Suppenspargel
30 g	Butter
150 g	Crème fraîche
	Salz, frisch gemahlener Pfeffer
300 g	Vollmilchjoghurt
100 ml	trockener Weißwein oder Traubensaft
	evtl. etwas Zitronensaft
1 Bund	Koriandergrün oder glatte Petersilie
4 Scheiben	luftgetrockneter Schinken (z. B. Parma- oder Serranoschinken)
8	dünne Grissini-Stangen

• Den Spargel schälen und in Stücke schneiden. Die Butter erhitzen und den Spargel darin andünsten. Die Crème fraîche dazugeben und mit Salz und Pfeffer würzen. Zugedeckt bei kleiner Hitze etwa 10 Min. kochen lassen.

• Acht Spargelköpfe zum Garnieren beiseitelegen. Restlichen Spargel in der Flüssigkeit pürieren und abkühlen lassen. Die Spargelcreme im Kühlschrank in etwa 1 Std. gut durchkühlen lassen.

• Abgekühlte Spargelcreme mit Joghurt und Wein verrühren und mit Salz, Pfeffer und eventuell etwas Zitronensaft abschmecken.

• Koriander abspülen, trocken schütteln und die Blättchen abzupfen. Die Suppenmenge halbieren und eine Hälfte mit den Korianderblättchen mit dem Stabmixer pürieren und schaumig aufschlagen.

• Die Schinkenscheiben längs halbieren und je eine Hälfte um jede Grissini-Stange wickeln. Die beiden Spargelcremes in Suppenteller füllen, sodass die verschiedenen Farben sichtbar sind. Spargelköpfe hineinlegen und mit den Schinken-Grissini servieren.

Tipp Grissini-Stangen lassen sich ganz schnell aus fertigem Pizzateig zubereiten: Pizzateig in Streifen schneiden und zu dünnen Rollen formen. Im Backofen bei 180° (Umluft 160°, Gas Stufe 3) goldbraun backen. Gekaufte Grissini-Stangen sind meist dicker.

Klassiker

Gurkensuppe mit Garnelenspieß

Frischer geht es nicht: Gurke, Limette, Joghurt und Kräuter und das Ganze noch gut gekühlt. Nur die Garnelen dürfen heiß sein. Ach, wenn jetzt Sommer wär' ...

6 Portionen
Zubereitungszeit 30 Min.
Pro Portion ca. 80 kcal, E 5 g, F 5 g, KH 3 g

1	große Salatgurke		Cayennepfeffer
	Salz	½ Bund	Schnittlauch
150 g	Vollmilchjoghurt	6	rohe ungeschälte Riesen-
1 Zweig	Estragon		garnelen (ohne Kopf)
1	Limette	1	Knoblauchzehe
	frisch gemahlener Pfeffer	2 EL	Olivenöl

• Die Gurke schälen (Step 1). Geschälte Gurke der Länge nach halbieren und die Kerne mit einem Teelöffel herauskratzen (Step 2). Gurke in Stücke schneiden und im Mixer pürieren. Das Gurkenpüree salzen und mit dem Joghurt verrühren.

• Estragon abspülen, trocken tupfen, die Blätter fein hacken und in das Gurkenpüree rühren.

• Limette heiß abspülen, trocken tupfen und die Hälfte der Schale fein abreiben. Eine Hälfte auspressen. Gurkensuppe mit Limettenschale und -saft, Salz, Pfeffer und wenig Cayennepfeffer abschmecken. Schnittlauch abspülen, trocken tupfen und in Röllchen schneiden.

• Garnelen aus den Schalen lösen, am Rücken entlang einschneiden und den dunklen Darm entfernen (Step 3). Garnelen abspülen und mit Küchenkrepp trocken tupfen.

• Knoblauch abziehen und eine kleine Pfanne mit der Zehe ausreiben. Das Öl in dieser Pfanne erhitzen und die Garnelen darin scharf anbraten. Salzen und mit Limettensaft beträufeln. Jede Garnele auf einen Spieß stecken.

• Gurkensuppe in Tassen oder Schalen füllen und mit Schnittlauchröllchen und etwas Cayennepfeffer bestreuen. Garnelenspieße dazu servieren.

1 *2* *3*

Tipp
Die Garnelenspieße sehen besonders hübsch aus, wenn man eine Mini-Salatgurke der Länge nach in dünne Scheiben schneidet und je 1 Scheibe wellenförmig mit auf den Spieß steckt.

Geeiste Erbsensuppe

vegetarisch | einfach | schnell

4	Portionen
	Zubereitungszeit 25 Min.
	Kühlzeit 1 Std.
Pro Portion	ca. 105 kcal, E 3 g, F 6 g, KH 8 g

500 g	frische Erbsenschoten (ergibt ausgelöst etwa 180 g Erbsen; oder TK-Erbsen)
2 Stängel	Basilikum
5 EL	Schmand
½ l	kalte Gemüsebrühe
	Salz, frisch gemahlener Pfeffer
	Cayennepfeffer

● Erbsen aus den Hülsen palen (s. Tipp unten). Basilikumblätter abzupfen und abspülen. Erbsen und Basilikumblätter zusammen mit dem Schmand mit dem Stabmixer oder in der Küchenmaschine sehr fein pürieren.

● Die Gemüsebrühe mit dem Schneebesen unter das Erbsenpüree rühren. Suppe mit Salz, Pfeffer und Cayennepfeffer abschmecken.

● Die Suppe in den Tiefkühler stellen und etwa 1 Std. durchkühlen lassen.

● Vor dem Servieren die Suppe noch einmal mit dem Stabmixer schaumig aufschlagen. Auf vier Gläser verteilen.

Tipps Zur Deko eventuell eine halbierte Erbsenhülse mit frischen Erbsen auf das Glas legen.

Erbsen palen – so geht's: Die Enden der Hülsen abschneiden und mit einem Ende den dünnen Faden an der Längsseite der Hülse mit abziehen. Mit leichtem Druck auf die »Nahtstelle« lässt sich die Hülse jetzt aufbrechen. Mit dem Daumen die Erbsen von oben nach unten aus der Hülse lösen. Die Hülsen sind zäh und werden nicht gegessen.

Mangosuppe mit Kokos

vegetarisch | einfach | gut vorzubereiten

4	**Portionen**
	Zubereitungszeit 25 Min.
	Kühlzeit 12 Std.
Pro Portion	**ca. 275 kcal, E 2 g, F 16 g, KH 30 g**

2	Mangos
1–2	Knoblauchzehen
1	Schalotte
1	kleine rote Chilischote
1 EL	geröstetes Sesamöl
2	Limetten
100 ml	Kokoscreme (aus der Dose)
	Salz
½ Bund	Koriandergrün
5 EL	Sonnenblumenöl

• Die Mangos schälen, das Fruchtfleisch vom Stein schneiden und würfeln. Ein paar Mangowürfel zum Bestreuen beiseitelegen.

• Knoblauch und Schalotte abziehen und fein würfeln. Chilischote abspülen, längs aufschneiden, entkernen und fein hacken (mit Küchenhandschuhen arbeiten).

• Das Sesamöl in einem Topf erhitzen und Knoblauch, Schalotte und Chili darin andünsten. Die Mangowürfel dazugeben und kurz mitdünsten. Limetten auspressen. 600 ml kaltes Wasser, ausgepressten Limettensaft und Kokoscreme in den Topf geben und alles mit dem Stabmixer fein pürieren.

• Die Suppe mit Salz abschmecken und abkühlen lassen. Für mindestens 2 Std., besser über Nacht, im Kühlschrank durchkühlen lassen.

• Den Koriander abspülen, trocken schütteln und die Blättchen abzupfen. Koriander, Öl und etwas Salz mit dem Stabmixer pürieren. Zum Servieren je 1 TL Korianderöl über die kalte Suppe träufeln. Restliche Mangowürfel darüberstreuen oder extra dazu reichen.

Tipp Das restliche Korianderöl hält sich in einem fest verschlossenen Schraubglas im Kühlschrank mindestens 3 Tage.

Kohlrabisuppe mit Estragon

vegetarisch | für Gäste

4	**Portionen**
	Zubereitungszeit 40 Min.
	Kühlzeit 2 Std.
Pro Portion	**ca. 135 kcal, E 6 g, F 6 g, KH 14 g**

750 g	Kohlrabi
3 EL	Zitronensaft
	Salz
½ TL	Zucker
1 Bund	Estragon
1 TL	rosa Pfefferbeeren
300 ml	Buttermilch
2 EL	Öl
2 EL	Mehl

• Die Kohlrabis schälen und dabei einige kleine Blätter für die Einlage beiseitelegen. Kohlrabis auf der Küchenreibe grob raspeln, mit Zitronensaft beträufeln und mit 2 Prisen Salz und dem Zucker bestreuen.

• Kohlrabiraspel etwa 1 Std. in den Kühlschrank stellen. Estragon abspülen, trocken schütteln und die Blättchen fein hacken.

• Rosa Pfefferbeeren im Mörser fein zerdrücken. Buttermilch, Kohlrabiraspel und Pfefferbeeren verrühren und mit dem Stabmixer pürieren. Estragon in die Suppe rühren und diese wieder etwa 1 Std. kalt stellen. Suppe mit Salz und eventuell Zucker abschmecken.

• Für die Einlage Öl in einer Pfanne erhitzen. Kohlrabiblättchen in Mehl wenden. Blättchen etwa 2 Min. im heißen Öl braten.

• Die Suppe in gekühlten Schälchen oder Suppentassen anrichten und mit den Kohlrabiblättern und eventuell rosa Pfefferbeeren garnieren.

Dazu Baguette oder Toastbrot

Paprika-Nektarinen-Suppe

vegetarisch | einfach

4	**Portionen**
	Zubereitungszeit 30 Min.
	Kühlzeit 1 Std.
Pro Portion	**ca. 105 kcal, E 4 g, F 1 g, KH 19 g**

3	Nektarinen
2 Stangen	Staudensellerie
½ Bund	Koriandergrün
4	orange Paprikaschoten
400 ml	Gemüsefond (aus dem Glas)
	Salz, frisch gemahlener Pfeffer

• Die Nektarinen abspülen, halbieren und entsteinen. Das Fruchtfleisch von einer Nektarine in kleine Würfel schneiden.

• Die Selleriestangen putzen, abspülen und eventuell die Fäden abziehen. Eine halbe Selleriestange in feine Würfel schneiden.

• Koriander abspülen, trocken schütteln und fein hacken. Nektarinenwürfel, Selleriewürfel und Koriander mischen und kalt stellen.

• Den Grill oder den Backofen auf höchster Stufe vorheizen.

• Die Paprikaschoten halbieren, putzen und abspülen. Mit der Hautseite nach oben auf ein Backblech legen und unter dem Grill rösten, bis die Haut schwarz wird und Blasen wirft. Geröstete Paprika in einen Frischhaltebeutel geben und etwa 10 Min. abkühlen lassen.

• Die Haut von den Paprikahälften abziehen. Paprika, restliche Nektarinen und restlichen Sellerie klein schneiden und zusammen mit dem Gemüsefond mit dem Stabmixer fein pürieren. Mit Salz und Pfeffer abschmecken.

• Die Suppe mindestens 1 Std. kalt stellen. Zum Servieren mit der Nektarinen-Sellerie-Koriander-Mischung bestreuen.

Kaltschale *mit Beerensorbet*

einfach

6 Portionen
Zubereitungszeit 50 Min.
Gefrierzeit 25 Min.
Pro Portion ca. 285 kcal, E 6 g, F 1 g, KH 59 g

200 g Zucker
500 g frische gemischte Beeren (ersatzweise TK-Beeren)
600 ml Dickmilch
300 ml Zitronenbuttermilch
60 g brauner Rohrzucker
250 g frische gemischte Beeren zum Verzieren

• Für das Sorbet ¼ l Wasser und den Zucker so lange kochen, bis sich der Zucker aufgelöst hat und ein Sirup entstanden ist. Sirup abkühlen lassen.

• Frische Beeren putzen oder verlesen und eventuell abspülen. Früchte mit dem Stabmixer pürieren und durch ein Sieb streichen (TK-Früchte vorher auftauen lassen).

• Das Fruchtpüree und den kalten Sirup verrühren und die Mischung in die laufende Eismaschine gießen. Etwa 25 Min. cremig gefrieren lassen.

• Das Sorbet anschließend in eine Gefrierdose füllen und in den Tiefkühler stellen. Für die Zubereitung ohne Eismaschine das fertige Püree in eine flache Schale füllen, in den Tiefkühler stellen und etwa alle 10 Min. mit einer Gabel, einem festen Schneebesen oder dem Stabmixer kräftig durchrühren.

• Dickmilch, Buttermilch und 40 g braunen Zucker verrühren. Die Mischung in tiefe Teller oder Schalen füllen und jeweils 1–2 Kugeln Sorbet in die Mitte geben. Restlichen Zucker darüberstreuen und mit den frischen Beeren garnieren.

Tipp Schneller geht's mit fertig gekauftem Sorbet, zum Beispiel mit Blutorangen- oder Zitronensorbet.

Erdbeer-Pfirsich-Suppe

einfach | gut vorzubereiten

4	**Portionen**
	Zubereitungszeit 30 Min.
Pro Portion	ca. 285 kcal, E 4 g, F 17 g, KH 27 g

500 g	Erdbeeren
2	reife Pfirsiche (oder Nektarinen)
2 EL	Zitronensaft
2–3 EL	Zucker
200 g	Magermilchjoghurt
125 g	Mascarpone

● Die Erdbeeren abspülen, trocken tupfen und putzen. Vier schöne Erdbeeren zum Dekorieren beiseitelegen, die restlichen Früchte mit dem Stabmixer pürieren und durch ein Sieb streichen.

● Die Pfirsiche abspülen, trocken tupfen und das Fruchtfleisch vom Stein lösen. Pfirsichfruchtfleisch mit dem Zitronensaft pürieren und ebenfalls durch ein Sieb streichen.

● Erdbeer- und Pfirsichpüree mit Zucker, Joghurt und Mascarpone verrühren und abschmecken.

● Die beiseitegelegten Erdbeeren in Scheiben schneiden und kurz vorm Servieren in die Suppe geben.

Tipps Besonders fein schmeckt die Suppe, wenn man noch 125 ml Prosecco oder Sekt unterrührt.

Oder die Suppe zweifarbig zubereiten. Dafür das Erbeer- und Pfirsichpüree mit jeweils der Hälfte von Joghurt und Mascarpone verrühren und mit Zucker und Zitronensaft abschmecken. Zum Anrichten eine Kelle Erdbeersuppe in einen flachen Teller geben. Dann eine Kelle Pfirsichsuppe vorsichtig in die Mitte geben, sodass sich die beiden Suppen nicht mischen.

Cremesuppen

Wir machen jetzt mal den Test: »Rahmsüppchen«.
Na? Läuft Ihnen das Wasser im Mund zusammen? Denken Sie
sofort an dieses unvergleichlich samtige Gefühl, mit dem eine
warme Cremesuppe Gaumen und Seele streichelt? Wollen Sie
sofort eine haben? Billeschön!

Thaispargel-Topf

vegetarisch | schnell | raffiniert

4 Portionen
Zubereitungszeit 30 Min.
Pro Portion ca. 275 kcal, E 5 g, F 26 g, KH 5 g

1	Zwiebel	½ l	Kokosmilch (aus der Dose)
2 Stängel	Zitronengras	200 ml	Spargelfond (s. Tipp;
1	Limette		ersatzweise Gemüsefond
100 g	Shiitake-Pilze		oder -brühe)
125 g	Thaispargel (dünner grüner Spargel)		Salz, frisch gemahlener Pfeffer
1 EL	Erdnussöl		Zucker
2 EL	mildes Currypulver	½ Bund	Koriandergrün
1 TL	rote Curry-Paste (Asia-Laden)		

• Zwiebel abziehen und fein würfeln. Vom Zitronengras das äußere harte Blatt entfernen. Zitronengras abspülen, trocken tupfen und in große Stücke schneiden. Limette auspressen.

• Pilze putzen und mit Küchenkrepp abreiben. Die Stiele abschneiden. Spargel abspülen und eventuell klein schneiden.

• Öl in einem großen Topf erhitzen und die Zwiebel glasig dünsten. Curry, Curry-Paste und Zitronengras zugeben und unter Rühren anbraten, bis es duftet. Kokosmilch und Spargelfond dazugießen und aufkochen lassen.

• Pilze und Spargel zugeben und alles 3–5 Min. bei mittlerer Hitze kochen. Mit Limettensaft, Salz, Pfeffer und Zucker abschmecken. Zitronengras entfernen.

• Koriander abspülen, trocken schütteln und die Blätter abzupfen. Die Suppe mit Korianderblättchen bestreuen und servieren.

Tipps Eventuell einige Spargelstangen extra kochen und als Dekoration in die Suppenschalen stellen.

Für den Spargelfond Spargelschalen und -abschnitte kalt abspülen, in einen Topf geben und mit kaltem Wasser bedecken. 1 EL Butter und je 1 TL Salz und Zucker zugeben. Aufkochen und 15 Min. kochen. Spargelfond durch ein Sieb gießen und abkühlen lassen. Spargelfond hält sich in sterilisierten Twist-off-Gläsern 1 Woche. Man kann ihn auch gut einfrieren.

Schalotten-Joghurt-Suppe

vegetarisch | raffiniert

6	**Portionen**
	Zubereitungszeit 1 Std. 15 Min.
Pro Portion	**ca. 340 kcal, E 10 g, F 24 g, KH 21 g**

300 g	Schalotten
8 Stängel	Thymian
3 EL	Rapsöl
60 g	Butter
	Meersalz, frisch gemahlener Pfeffer
2 EL	Mehl
½ l	Milch
½ l	Gemüsefond oder -brühe
3	kleine Milchbrötchen (à 40 g)
150 g	Ziegenfrischkäse
250 g	Sahnejoghurt

• Die Schalotten mit kochendem Wasser übergießen und etwa 10 Min. stehen lassen. Abgießen, die Schalen abziehen und die Schalotten in Ringe schneiden. Thymian abspülen, trocken tupfen und fünf Stängel beiseitelegen. Vom restlichen Thymian die Blättchen abzupfen.

• 1 EL Öl und 1 EL Butter in einem Topf erhitzen. Schalottenringe und Thymianstängel bei kleiner Hitze darin andünsten, ohne dass die Schalotten Farbe bekommen. Mit etwas Salz und Pfeffer würzen.

• Das restliche Öl, abgezupfte Thymianblättchen und Pfeffer verrühren. Die gedünsteten Schalotten mit Mehl bestäuben und unter Rühren etwa 1 Min. andünsten. Milch und Fond dazugießen und aufkochen lassen, dabei ständig rühren. Die Suppe etwa 10 Min. bei kleiner Hitze kochen lassen.

• Den Backofen auf 180° (Umluft 160°, Gas Stufe 3) vorheizen. Die Brötchen schräg in Scheiben schneiden, auf ein Backblech legen und im Ofen etwa 5 Min. goldbraun rösten. Herausnehmen, mit dem Ziegenfrischkäse bestreichen und mit dem Gewürzöl beträufeln. Die restliche Butter in einen kleinen Topf geben und etwas bräunen.

• Den Joghurt in die heiße Suppe rühren und erwärmen, aber nicht kochen lassen. Mit Salz und Pfeffer abschmecken. Die Suppe auf Portionsschälchen verteilen und mit der gebräunten Butter beträufeln. Die Ziegenkäse-Brote dazu reichen.

Klassiker

Tomatencremesuppe

Tomatencremesuppe fehlt auf kaum einer Speisekarte in deutschen oder italienischen Restaurants. Nicht immer ist sie gut. Machen Sie sie selbst! Hier kommt ein einfaches Rezept mit garantiert köstlichem Resultat.

4 Portionen
Zubereitungszeit 45 Min.
Pro Portion **ca. 310 kcal, E 6 g, F 24 g, KH 17 g**

1,5 kg	reife Tomaten
1	Zwiebel
2 EL	Butter
30 g	Mehl
½ l	Gemüsebrühe
3 Stängel	Thymian
	Salz, frisch gemahlener Pfeffer
	Zucker
	edelsüßes Paprikapulver
200 g	Sahne
3 Stiele	Basilikum oder glatte Petersilie

• Tomaten abspülen, vierteln und dabei den Stielansatz herausschneiden (Step 1). Zwiebel abziehen und fein würfeln.

• Butter in einem großen Topf erhitzen. Zwiebelwürfel darin glasig dünsten. Das Mehl dazugeben und unter Rühren andünsten. Tomatenviertel zugeben. Brühe langsam unter Rühren dazugießen (Step 2).

• Thymian abspülen und zusammen mit etwas Salz und Pfeffer zur Suppe geben. Alles bei kleiner Hitze etwa 10 Min. kochen lassen.

• Suppe durch ein Sieb streichen (Step 3) und mit Salz, Pfeffer, Zucker und Paprikapulver abschmecken.

• Sahne steif schlagen. Basilikum abspülen, trocken schütteln und in feine Streifen schneiden.

• Sahne als Kleckse auf die Suppe geben und mit Basilikum und etwas Paprikapulver bestreuen.

Tipp

Beim Vierteln der Tomaten jeweils knapp neben dem Stielansatz schneiden, dann kann der ganze Stielansatz mit nur einem Schnitt aus einem Tomatenviertel entfernt werden.

Papayasuppe

raffiniert | fruchtig

4	**Portionen**
	Zubereitungszeit 30 Min.
Pro Portion	ca. 170 kcal, E 5 g, F 14 g, KH 5 g

1	rote Chilischote
½ Bund	Koriandergrün
2	mittelgroße Papaya (etwa 800 g)
150 g	Crème fraîche
600 ml	Fleischbrühe
	Salz
1–2 EL	Limettensaft

• Chilischote putzen, Kerne und Trennwände entfernen (mit Küchenhandschuhen arbeiten!). Koriander abspülen, trocken schütteln und die Blättchen hacken.

• Papaya schälen, halbieren und die Kerne mit einem Teelöffel herausschaben. Ein Drittel des Fruchtfleisches mit einem kleinen Kugelausstecher ausstechen.

• Restliches Papayafruchtfleisch, Chili und Crème fraîche mit dem Stabmixer oder im Mixer pürieren.

• Brühe und Püree in einen Topf geben, aufkochen lassen und mit Salz und Limettensaft abschmecken. Die Papayakugeln in der Suppe erwärmen.

• Die Suppe mit Korianderblättchen bestreuen.

Tipps Zusätzlich gebratenes Hühnerfleisch, Flusskrebsfleisch oder geröstete Kokoschips in die Suppe geben.

Noch asiatischer wird's, wenn es frittiertes Kroepoek (Krabbenchips aus dem Asia-Laden) dazu gibt.

Die Papaya muss unbedingt die richtige Reife haben. Lieber etwas weichere Früchte für die Suppe wählen als zu feste. Die Kerne können übrigens auch gegessen werden. Sie haben eine interessante Pfefferschärfe.

Papayasuppe als kleinen Zwischengang in Tässchen servieren. Dann reicht die Menge für sechs Portionen.

Pfefferrahmsüppchen

vegetarisch | gut vorzubereiten

4	Portionen
	Zubereitungszeit 25 Min.
Pro Portion	ca. 340 kcal, E 7 g, F 23 g, KH 29 g

1 Glas	eingelegte milde Pfefferschoten (Einwaage 250 g)
etwa 800 ml	Gemüsefond (aus dem Glas)
30 g	Cashewkerne
	Salz
30 g	Butter
60 g	Mehl
100 g	Sahne
2 EL	Olivenöl
6 Scheiben	Baguette
	Zitronenpfeffer

• Pfefferschoten in ein Sieb gießen, Flüssigkeit auffangen und die Schoten abtropfen lassen. Einlegeflüssigkeit der Pfefferschoten in ein Litermaß gießen und mit Gemüsefond auf einen Liter auffüllen.

• Cashewkerne in einer Pfanne ohne Fett goldbraun rösten. Stiele und Kerne der Pfefferschoten entfernen und das Fruchtfleisch grob zerkleinern. Fruchtfleisch und Cashewkerne im Mixer zu einer Paste pürieren und mit Salz abschmecken.

• Die Butter in einem Topf erhitzen und das Mehl darin andünsten. Den Fond nach und nach unter Rühren dazugießen und 5 Min. bei kleiner Hitze kochen lassen. Die Sahne unterrühren und die Suppe mit Salz abschmecken.

• Olivenöl in einer Pfanne erhitzen und die Baguettescheiben darin von jeder Seite braun anrösten und leicht salzen. Baguettescheiben mit der Pfefferschotenpaste bestreichen.

• Die Suppe in vorgewärmte Teller füllen und je eine Baguettescheibe hineinlegen. Suppe mit etwas Zitronenpfeffer bestreuen.

Tipps Suppe und Pfefferschotenpaste am Vortag zubereiten und kalt stellen. Sahne kurz vor dem Servieren unterrühren. Baguette frisch rösten.

Die Baguettescheiben können ohne Fett im Backofen bei 180° geröstet und dann mit der Pfefferschotenpaste bestrichen werden. Das spart ein bisschen Fett, weil das Öl zum Braten nicht nötig ist.

Räucherfischsuppe

für Gäste | raffiniert

6	**Portionen**
	Zubereitungszeit 1 Std. 30 Min.
Pro Portion	**ca. 265 kcal, E 12 g, F 23 g, KH 5 g**

250 g	Räucherfisch mit Gräten und Haut
	(z. B. Forelle oder Makrele)
2	Zwiebeln
100 g	Knollensellerie
1 EL	Öl
½ l	Fischfond (aus dem Glas)
1 l	Geflügelbrühe
300 g	Sahne
	evtl. heller Saucenbinder
	etwas Zitronensaft
	Salz, frisch gemahlener Pfeffer
2–3 TL	geriebener Meerrettich (aus dem Glas)
3 TL	Forellenkaviar
	Shiso-Kresse oder Sprossen zum Bestreuen

• Den Fisch mit Haut und Gräten in Stücke schneiden. Zwiebeln abziehen und würfeln. Sellerie putzen, abspülen und ebenfalls würfeln. Das Öl in einem großen Topf erhitzen.

• Die Fischstücke darin andünsten. Zwiebel- und Selleriewürfel dazugeben und mit andünsten. Fischfond und Brühe zugießen und alles bei kleiner Hitze zugedeckt etwa 30 Min. kochen lassen.

• Die Fischsuppe durch ein Mulltuch oder ein feines Sieb passieren. 200 g Sahne dazugießen und alles nochmals 15 Min. kochen lassen. Eventuell etwas Saucenbinder einstreuen und die Suppe mit Zitronensaft, Salz und Pfeffer würzen.

• Für die Deko die restliche Sahne steif schlagen und den Meerrettich unterrühren. Suppe in vorgewärmte Tassen füllen und je einen Klecks Meerrettichsahne und etwas Forellenkaviar daraufgeben. Mit Kresse oder Sprossen bestreuen.

Tipp **Wer mag, gibt noch etwas geräuchertes Forellenfilet mit in die Suppe.**

Thailändische Kokossuppe

raffiniert | für Gäste

4	**Portionen**
	Zubereitungszeit 45 Min.
Pro Portion	**ca. 325 kcal, E 16 g, F 26 g, KH 6 g**

2	Lauchzwiebeln
2	kleine rote Chilischoten
1 Stück	frischer Ingwer (1 cm)
1	Limette
4 EL	Erdnussöl
750 ml	Geflügelfond (aus dem Glas)
1 Dose	Kokosmilch (400 ml)
4	frische oder getrocknete Kaffirlimettenblätter (Asia-Laden)
	Salz
8	rohe ungeschälte Riesengarnelen (ohne Kopf)
3 Stängel	Koriandergrün

• Die Lauchzwiebeln putzen, abspülen und klein schneiden. Die Chilischoten aufschneiden, die Kerne entfernen und die Schoten in Ringe schneiden (mit Küchenhandschuhen arbeiten!). Ingwer schälen und fein hacken. Die Limette auspressen.

• 2 EL Öl erhitzen und Lauchzwiebelstücke, Chili und Ingwer darin andünsten. Geflügelfond, Kokosmilch, Kaffirlimettenblätter und 1 EL Limettensaft dazugeben und alles etwa 15 Min. bei kleiner Hitze kochen. Mit Salz und Limettensaft abschmecken. Die Suppe durch ein Sieb gießen.

• Die Garnelen aus der Schale lösen. Garnelenrücken leicht einschneiden und den Darmfaden entfernen. Garnelen abspülen, trocken tupfen und im restlichen heißen Öl 2 Min. braten. Garnelen mit Salz und etwas Limettensaft würzen.

• Koriander abspülen, trocken schütteln und die Blättchen hacken. Zum Servieren die Garnelen auf Spieße stecken und in die Suppe geben. Suppe mit gehackten Korianderblättchen bestreuen.

Tipp Statt der Garnelen gebratene Geflügelfleischstreifen in die Suppe geben.

Möhrensuppe *mit Blutwurst*

einfach | deftig

4	**Portionen**
	Zubereitungszeit 1 Std.
Pro Portion	ca. 565 kcal, E 18 g, F 42 g, KH 29 g

je 400 g	Möhren und Kartoffeln
1	große Petersilienwurzel (150 g)
1	Gemüsezwiebel
1 EL	Butter
3 Stängel	Majoran
1 l	Gemüsebrühe
1 EL	Crème fraîche
	Meersalz, frisch gemahlener Pfeffer
2	Tomaten
1	reife Avocado
1 EL	Zitronensaft
300 g	feste Blutwurst (im Ring ⌀ 3 cm)
2 EL	Mehl
1 EL	Sonnenblumenöl

Tipp

Wer es vegetarisch mag, lässt die Blutwurst weg. Der Rest der Suppe ist komplett ohne Fleisch zubereitet.

• Möhren, Kartoffeln und Petersilienwurzel schälen, abspülen und in Stücke schneiden. Gemüsezwiebel abziehen und würfeln.

• Butter erhitzen und alle vorbereiteten Zutaten darin andünsten. Majoran abspülen und mit der Brühe dazugeben. Alles zugedeckt etwa 20 Min. kochen.

• Majoranstängel entfernen. Crème fraîche in die Suppe geben und alles mit dem Stabmixer grob pürieren. Suppe mit Meersalz und Pfeffer abschmecken.

• Tomaten abspülen, vierteln, entkernen und das Fruchtfleisch fein würfeln. Avocado halbieren, den Stein entfernen und die Hälften schälen. Das Fruchtfleisch würfeln und sofort mit Zitronensaft beträufeln, damit es nicht braun wird. Avocado- und Tomatenwürfel vermischen und salzen.

• Von der Blutwurst die Pelle abziehen. Wurst in Scheiben schneiden und kurz in Mehl wenden. Öl in einer Pfanne erhitzen und die Wurstscheiben darin von beiden Seiten kurz knusprig braten.

• Zum Servieren Tomaten- und Avocadowürfel über die Suppe streuen. Die gebratenen Blutwurstscheiben dazu servieren oder ebenfalls in die Suppe geben.

Zitronensuppe mit Huhn

braucht Zeit | gut vorzubereiten

4	Portionen		
	Zubereitungszeit 1 Std.		
	Garzeit 1 Std.		
Pro Portion	ca. 345 kcal, E 47 g, F 8 g, KH 21 g		

1	Brathähnchen (etwa 1,3 kg)	70 g	Reis
1 Bund	Suppengrün	2	Zitronen
1	Zwiebel	3	Eigelbe
2	Nelken	2–3 TL	Speisestärke
2	Kardamomkapseln		frisch gemahlener Pfeffer
1 EL	schwarze Pfefferkörner		Zucker
	Salz		etwas Zitronenmelisse

• Hähnchen unter kaltem Wasser innen und außen abspülen. In einen großen Topf geben, mit Wasser bedecken und bei mittlerer Hitze langsam aufkochen.

• Suppengrün putzen, abspülen und in Stücke schneiden. Die Zwiebel abziehen, halbieren und die Nelken und Kardamomkapseln hineinstecken.

• Gemüse, Zwiebel, Pfefferkörner und Salz zum Hähnchen geben und alles 1 Std. bei mittlerer Hitze im leicht geöffneten Topf kochen. Das Huhn ist gar, wenn sich der Schenkel problemlos vom Körper trennen lässt.

• Brühe lauwarm abkühlen lassen und durch ein Sieb gießen. Das Hähnchenfleisch von Haut und Knochen lösen und das Brustfleisch in Streifen schneiden. Das restliche Fleisch anderweitig verwenden.

• Das überschüssige Fett von der Brühe abschöpfen und etwa 1 ½ l Brühe abmessen. Brühe aufkochen und den Reis darin etwa 15 Min. kochen. Inzwischen Zitronen auspressen und etwa 7 EL Saft bereitstellen.

• Eigelbe, Speisestärke und Zitronensaft verrühren. Hähnchenfleisch in die Hühnerbrühe geben und alles einmal aufkochen lassen. Die Zitronen-Eier-Creme vorsichtig unter die Brühe ziehen, die Suppe jetzt nicht mehr kochen lassen.

• Die Suppe mit Salz, Pfeffer, 1 Prise Zucker und Zitronensaft abschmecken. Sofort in vorgewärmte Tassen oder Teller füllen und mit Zitronenmelisse bestreuen.

Tipp Das nicht verwendete Hühnchenfleisch lässt sich prima als Salatbeilage verwenden oder zu Geflügelsalat verarbeiten.

Feine Sauerkrautsuppe

einfach | raffiniert

4	**Portionen**
	Zubereitungszeit 15 Min.
	Garzeit 45 Min.
Pro Portion	ca. 345 kcal, E 11 g, F 21 g, KH 27 g

1	kleine Zwiebel
1	kleiner Apfel
250 g	Kartoffeln
2 EL	Butter
1 Dose	Sauerkraut (Abtropfgewicht 520 g)
1 ¼ l	Hühnerbrühe
5	Wacholderbeeren
2	Lorbeerblätter
	Salz, frisch gemahlener Pfeffer
200 g	Sahne
2 EL	Agavendicksaft (aus dem Reformhaus)
½ Bund	Schnittlauch
100 g	dünn geschnittener Schwarzwälder Schinken
etwa 8	Grissini-Stangen

• Zwiebel, Apfel und Kartoffeln schälen und würfeln. Alles in einem großen Topf in 1 EL Butter andünsten.

• Sauerkraut, Brühe, Wacholderbeeren, Lorbeerblätter, Salz und Pfeffer zugeben und alles etwa 45 Min. bei mittlerer Hitze kochen.

• Lorbeer und Wacholderbeeren entfernen. Suppe mit einem Stabmixer fein pürieren. Sahne und restliche Butter unterrühren und die Suppe mit Agaven-dicksaft, Salz und Pfeffer abschmecken.

• Schnittlauch abspülen, trocken schütteln und in Röllchen schneiden. Schnitt-lauchröllchen über die Suppe streuen. Schinken um die Grissini-Stangen wickeln und dazu servieren.

Tipp Auf die Grissini-Stangen verzichten und den Schinken in kleinen Würfeln in der Suppe servieren.

Selleriesuppe *mit Maronen*

vegetarisch | gut vorzubereiten

6	**Portionen**
	Zubereitungszeit 50 Min.
Pro Portion	**ca. 290 kcal, E 4 g, F 22 g, KH 15 g**

600 g	Knollensellerie
1	große Kartoffel (180 g)
300 g	Staudensellerie
1	Zwiebel
2 ½ EL	Butter
750 ml	Gemüsebrühe
	Salz, frisch gemahlener Pfeffer
350 g	Sahne
200 ml	Cidre (Apfelwein) oder Apfelsaft
80 g	Maronen (vakuumverpackt)
1 EL	Zucker

• Knollensellerie und Kartoffel schälen und würfeln. Staudensellerie putzen, abspülen und in Stücke schneiden. Zwiebel abziehen und würfeln.

• 1 ½ EL Butter in einem Topf erhitzen und die Zwiebelwürfel darin glasig dünsten. Beide Selleriesorten und die Kartoffelwürfel zugeben und kurz mitdünsten. Brühe zugeben und mit Salz und Pfeffer würzen. Zugedeckt bei mittlerer Hitze etwa 20 Min. kochen.

• Sahne und Cidre zugeben und alles aufkochen lassen. Suppe mit Salz und Pfeffer abschmecken.

• Die Suppe mit dem Stabmixer pürieren und durch ein Sieb gießen. Die Maronen grob würfeln. Restliche Butter und Zucker in einer Pfanne schmelzen. Die Maronen zugeben und leicht bräunen (karamellisieren).

• Zum Servieren die karamellisierten Maronen über die Suppe streuen.

Tipps Die Suppe kann zwei bis drei Tage vorher zubereitet werden. Kalt stellen. Die Maronen frisch zubereiten und über die unter Rühren aufgewärmte Suppe streuen. Die Suppe lässt sich auch gut einfrieren.

Wenn es keine Maronen gibt, kleine braune Champignons in Butter andünsten, mit Salz und Pfeffer und etwas Zitronensaft abschmecken und in der Suppe servieren.

Kartoffelcremesuppe

einfach | schmeckt Kindern

4	**Portionen**
	Zubereitungszeit 50 Min.
Pro Portion	**ca. 295 kcal, E 12 g, F 19 g, KH 19 g**

300 g	mehligkochende Kartoffeln
1	Möhre
1	Zwiebel
50 g	geräucherter durchwachsener Speck
1 TL	Butter
etwa ½ l	Gemüse- oder Hühnerbrühe
	Salz, frisch gemahlener Pfeffer
3 Stängel	Bohnenkraut
1 Packung	Mozzarella-Käse (125 g)
2 TL	rosa Pfefferbeeren
100 g	Sahne
4 Scheiben	Baguette (60 g)

● Kartoffeln und Möhre schälen, abspülen und klein schneiden. Zwiebel abziehen und würfeln. Speck ebenfalls fein würfeln.

● Butter und Speck in einem Topf erhitzen. Kartoffeln, Möhre und Zwiebel dazugeben und andünsten. Die Brühe dazugießen und mit Salz und Pfeffer würzen. Bohnenkraut abspülen und in die Suppe geben. Alles etwa 15 Min. kochen lassen.

● Mozzarella in Scheiben schneiden. Pfefferbeeren in einem Mörser zerstoßen. Bohnenkraut aus der Suppe nehmen. Sahne in die Suppe rühren und alles mit dem Stabmixer pürieren. Eventuell noch etwas Brühe zugießen. Mit Salz und Pfeffer abschmecken.

● Baguettescheiben toasten. Mozzarella auf die Baguettescheiben legen und mit zerstoßenen Pfefferbeeren bestreuen. Suppe in Suppentassen füllen und jeweils eine Brotscheibe darauflegen oder Mozzarella-Baguettes dazu servieren.

Tipps Die Brotscheiben müssen heiß sein, damit der Käse zu schmelzen beginnt. Man kann die Brotscheiben mit Mozzarella ganz kurz unter den vorgeheizten Grill schieben und danach mit den Pfefferbeeren bestreuen.

Etwas kräftiger schmecken die Käse-Baguettes mit Brie. Der schmilzt auch sehr schön und passt gut zur milden Kartoffelsuppe. Dann kommt vielleicht noch etwas Quittengelee darauf und die Pfefferbeeren entfallen.

Kürbissuppe *mit Croûtons*

vegetarisch | einfach | für Gäste

4	**Portionen**		
	Zubereitungszeit 50 Min.		
Pro Portion	ca. 140 kcal, E 3 g, F 8 g, KH 15 g		

600 g	Kürbis	2 EL	Dijon-Senf
1	große Zwiebel	1 EL	saure Sahne
1	Apfel		Salz, frisch gemahlener Pfeffer
2 EL	Butter	2 Stängel	Salbei
2 EL	brauner Zucker	2 Scheiben	Toastbrot
800 ml	Gemüsebrühe	1 EL	Olivenöl

• Kürbis schälen, Fasern und Kerne entfernen. Fruchtfleisch grob würfeln. Die Zwiebel abziehen und würfeln. Apfel vierteln, entkernen und schälen. Den Apfel grob würfeln.

• Butter in einem Topf erhitzen und die Zwiebel glasig dünsten. Apfel, Kürbis und Zucker zugeben und kurz mitdünsten.

• Brühe dazugießen und das Ganze zugedeckt bei mittlerer Hitze 15 Min. kochen, bis Kürbis und Apfel weich sind. Alles mit einem Stabmixer fein pürieren.

• Senf und saure Sahne unterrühren und die Suppe mit Salz und Pfeffer abschmecken. Suppe warm halten.

• Salbei abspülen und trocken schütteln. Toastbrot entrinden und in Würfel schneiden.

• Öl in einer Pfanne erhitzen und die Brotwürfel darin knusprig braten. Salbeiblätter zugeben und kurz mitbraten. Mit Salz und Pfeffer würzen. Die Salbei-Croûtons zur Kürbissuppe servieren.

Tipps Hokkaido-Kürbis muss nicht geschält, sondern nur gut abgespült werden. Die Schale wird beim Kochen ganz weich.

Ein ganz besonderes Aroma geben dieser Suppe ein paar zerstoßene rosa Pfefferbeeren. Diese sollten übrigens immer vorrätig sein, weil sie vielen Gerichten, besonders milden Suppen, einen tollen Kick geben.

Kräutersuppe *mit Spargel*

vegetarisch | für Gäste

4 Portionen
Zubereitungszeit 30 Min.
Pro Portion ca. 290 kcal, E 8 g, F 19 g, KH 23 g

1	Zwiebel	100 g	Sahne
2	Knoblauchzehen	150 g	Magerjoghurt
1 Stange	Porree	1 Bund	Kerbel
2	mittelgroße Kartoffeln	1 Bund	Basilikum
4 EL	Rapsöl		Salz
800 ml	Gemüsefond oder -brühe		Cayennepfeffer
1–2 TL	Zitronensaft		Zucker
1	Lorbeerblatt	2 Scheiben	Toastbrot
450 g	grüner Spargel		

• Zwiebel und Knoblauch abziehen. Zwiebel und 1 Knoblauchzehe hacken. Porree putzen, abspülen und in Ringe schneiden. Kartoffeln schälen, abspülen und würfeln.

• 1 EL Öl in einem Topf erhitzen. Kartoffeln, Zwiebel, Porree und gehackten Knoblauch glasig dünsten. Fond, Zitronensaft und Lorbeer zugeben.

• Zugedeckt 10 Min. bei mittlerer Hitze kochen. Spargel am unteren Ende schälen und die holzigen Enden abschneiden. Spargel klein schneiden, in die Brühe geben und 5 Min. kochen. Einige Spargelspitzen für die Dekoration herausnehmen und beiseitelegen.

• Lorbeerblatt entfernen. Suppe mit einem Stabmixer fein pürieren. Sahne und Joghurt unterrühren (nicht mehr kochen!).

• Kräuter abspülen, trocken schütteln, einige Kerbelblättchen beiseitelegen. Kräuter fein hacken und unter die Suppe rühren. Suppe mit Salz, Cayennepfeffer und Zucker abschmecken.

• Toast entrinden und würfeln. Restliches Öl erhitzen und Brotwürfel darin knusprig braten. Restliche Knoblauchzehe dazupressen und kurz mitbraten. Suppe mit halbierten Spargelspitzen, Brotwürfeln und Kerbelblättern anrichten. Etwas Cayennepfeffer darüberstreuen.

Tipp Die Suppe schmeckt auch kalt. Dann kann nach dem Abkühlen noch mehr Joghurt untergerührt werden. Das gibt eine schöne erfrischende Säure.

Italienische Ostersuppe

schnell | einfach

6	**Portionen**
	Zubereitungszeit 15 Min.
Pro Portion	**ca. 130 kcal, E 10 g, F 10 g, KH 1 g**

je 400 ml	Lamm- und Rinderfond (aus dem Glas)
4	Eigelbe
1 EL	Zitronensaft
100 g	Parmesan-Käse
	Salz, frisch gemahlener Pfeffer
2 Stängel	frischer Majoran

• Lamm- und Rinderfond zusammen in einen Topf geben, zum Kochen bringen und 5 Min. sprudelnd kochen lassen. Vom Herd nehmen.

• Eigelbe und Zitronensaft in einer großen Schüssel verquirlen. 60 g Parmesan-Käse fein reiben und unter die Eigelbe rühren. Unter ständigem Rühren nach und nach den heißen Fond dazugießen (nicht kochen lassen!).

• Die Suppe mit Salz und Pfeffer abschmecken. Majoran abspülen, trocken tupfen und die Blättchen abzupfen. Den restlichen Parmesan hobeln. Die Suppe mit einigen Majoranblättchen und dem gehobelten Parmesan bestreuen

Dazu geröstetes Ciabattabrot

Tipps Suppe eventuell mit hauchdünnen Bio-Zitronenscheiben garnieren.

Zusätzlich bekommt die Suppe noch Aroma und etwas Süße durch einen Schuss Marsala-Wein.

Auf alle Fälle frisch geriebenen Parmesan verwenden. Bereits geriebener aus der Packung schmeckt oftmals sehr sauer.

Cheddar-Chowder

vegetarisch | einfach

6 Portionen
Zubereitungszeit 1 Std.
Pro Portion ca. 305 kcal, E 11 g, F 20 g, KH 19 g

500 g	Kartoffeln	100 g	Cheddar-Käse
1	Porreestange (250 g)	200 ml	Milch
100 g	Knollensellerie		Salz, frisch gemahlener Pfeffer
2	Zwiebeln	½ TL	Rosenpaprika
2	Knoblauchzehen	2 EL	Pinienkerne
1 EL	Butter	4 Stängel	glatte Petersilie
800 ml	Geflügel- oder Gemüsebrühe	2 EL	Olivenöl
½ TL	grob geschrotete Senfkörner		

• Kartoffeln, Porree und Sellerie putzen und in Stücke schneiden. Zwiebeln und Knoblauch abziehen und würfeln.

• Butter in einem Topf erhitzen und das ganze Gemüse darin andünsten. Brühe und Senfkörner zugeben und alles in etwa 20 Min. weich kochen.

• Die Suppe mit dem Stabmixer pürieren. Cheddar-Käse grob reiben. Milch und Käse zugeben und die Suppe so lange erhitzen, bis der Käse geschmolzen ist. Die Suppe mit Salz, Pfeffer und Rosenpaprika abschmecken.

• Pinienkerne in einer Pfanne ohne Fett rösten, Petersilienblättchen abzupfen, abspülen und hacken. Beides unter das Olivenöl rühren.

• Zum Servieren die Suppe in tiefe Teller oder Schüsseln füllen und das Würzöl darüberträufeln.

Tipps Chowder ist die amerikanische Bezeichnung für cremige, dicke Suppen. Am bekanntesten ist die Clam-Chowder, eine Fisch-Muschel-Suppe.

Cheddar ist der bekannteste Käse aus England. Es ist ein Kuhmilchkäse, der seine orangerote Farbe durch den Pflanzenstoff Annatto (die Pflanze wächst in der Karibik) erhält.

Eintöpfe

Die Zeiten, als der Eintopf so was war wie ein unaufgeräumter
Putzschrank, sind vorbei. Diese Eintöpfe sind edel und vor-
zeigbar! Besonders, wenn Gäste kommen: ein schönes Brot
dazu, vielleicht ein Dessert – fertig ist das perfekte Diner.

Kichererbsen-Lamm-Eintopf

braucht Zeit | gut vorzubereiten

6	Portionen
	Zubereitungszeit 1 Std. 30 Min.
	Einweichzeit 12 Std.
Pro Portion	ca. 505 kcal, E 30 g, F 26 g, KH 38 g

300 g	getrocknete Kichererbsen
600 g	Lammschulter ohne Knochen
150 g	Zwiebeln
1	frische Knoblauchzwiebel
2 EL	Olivenöl
1 TL	Tomatenmark
1 TL	Anissamen
400 g	festkochende Kartoffeln
200 g	Petersilienwurzel
1 Dose	stückige Tomaten (400 g)
	Salz, frisch gemahlener Pfeffer
4 Stängel	Majoran
1 Bund	Petersilie

• Kichererbsen über Nacht in 850 ml Wasser einweichen.

• Das Lammfleisch von Fett und groben Sehnen befreien und in Würfel schneiden. Zwiebeln und Knoblauch abziehen und in Spalten schneiden.

• Öl in einem Bräter erhitzen und das Fleisch portionsweise anbraten. Zwiebeln, Knoblauch und Tomatenmark zufügen und kurz mitbraten.

• Backofen auf 180° (Umluft 160°, Gas Stufe 3) vorheizen. Die Kichererbsen mit dem Einweichwasser und Anis zum Fleisch geben. Aufkochen lassen. Bräter schließen und alles im Ofen etwa 30 Min. garen.

• Kartoffeln und Petersilienwurzel abspülen, schälen und in Stücke schneiden. Beides mit den Tomaten aus der Dose in den Bräter geben und unterrühren. Weitere 30 Min. zugedeckt schmoren. Mit Salz und Pfeffer abschmecken.

• Majoran und Petersilie abspülen und trocken schütteln. Die Blättchen abzupfen und grob hacken. Kräuter unterrühren und den Eintopf servieren.

Tipp Kichererbsen gibt es auch vorgekocht in Dosen oder Gläsern. Dann entfällt die Einweichzeit. Die Kichererbsen dann erst mit den Kartoffeln und der Petersilienwurzel zum Fleisch geben.

Rindfleischtopf *mit Bier*

einfach | gut vorzubereiten

4	**Portionen**
	Zubereitungszeit 30 Min.
	Garzeit 2 Std. 30 Min.
Pro Portion	ca. 385 kcal, E 28 g, F 23 g, KH 17 g

350 g	Perlzwiebeln oder kleine Schalotten	330 ml	dunkles Bier (z. B. Bockbier
5	Möhren		oder Köstritzer)
500 g	Knollensellerie	5 Stängel	Thymian
3 EL	Öl	1	Knoblauchzehe
800 g	Rindergulasch	1–2	Lorbeerblätter
	Salz, frisch gemahlener Pfeffer	10	schwarze Pfefferkörner
3 EL	Tomatenmark	250 g	grüne Bohnen (evtl. TK)
2–3 EL	Mehl		Zucker

• Zwiebeln in kochendes Wasser geben, kurz aufkochen und abgießen (s. Tipp). Kalt abspülen und die Schale abziehen. Je nach Größe eventuell halbieren. Möhren und Sellerie schälen, abspülen und in Stücke schneiden.

• Öl in einem Bräter erhitzen, Fleisch portionsweise bei starker Hitze darin anbraten. Mit Salz und Pfeffer würzen und herausnehmen. Zwiebeln, Möhren und Sellerie in den Bräter geben und im Bratfett anbraten.

• Fleisch und Tomatenmark zum Gemüse geben und kurz mitbraten. Mit Mehl bestauben und etwa 2–3 Min. andünsten. 750 ml Wasser und das Bier dazugießen, alles gut verrühren und aufkochen lassen.

• Thymian abspülen. Knoblauch mit Schale grob zerdrücken. Thymian, Knoblauch, Lorbeer und Pfefferkörner zugeben. Alles aufkochen und etwa 2 Std. 30 Min. zugedeckt bei kleiner Hitze köcheln lassen. Gelegentlich umrühren und eventuell etwas Wasser zugießen.

• Inzwischen die Bohnen putzen, abspülen (TK-Bohnen auftauen) und halbieren. Nach etwa 2 Std. Kochzeit zum Eintopf geben und mitkochen. Thymianstängel entfernen. Den Eintopf mit Salz, Pfeffer und 1 Prise Zucker abschmecken.

Dazu Bauern- oder Krustenbrot

Tipp Perlzwiebeln oder Schalotten lassen sich nur mühsam schälen. So geht's einfacher: Zwiebeln in einer Schüssel mit kochendem Wasser begießen, 2 Min. stehen lassen, abgießen, kalt abschrecken, Schalen abziehen.

Venezianische Muschelsuppe

raffiniert | für Gäste

4	**Portionen**		
	Zubereitungszeit 1 Std.		
Pro Portion	ca. 190 kcal, E 12 g, F 7 g, KH 10 g		

1 kg	Miesmuscheln	1 Stange	Porree
2	Zwiebeln	500 g	Tomaten
4	Knoblauchzehen	½ Bund	glatte Petersilie
2 EL	Olivenöl		Salz, frisch gemahlener Pfeffer
1 l	Gemüsebrühe	2 EL	Wermut (z. B. Noilly Prat)
200 ml	Weißwein oder Brühe		oder Zitronensaft
2	Möhren		

• Muscheln in kaltem Wasser waschen, dabei bereits geöffnete Muscheln wegwerfen. Zwiebeln und Knoblauch abziehen und fein würfeln. Öl in einem Topf erhitzen und Zwiebeln und Knoblauch kurz darin andünsten. Brühe und Weißwein dazugießen und aufkochen.

• Die Muscheln zugeben und zugedeckt 8 Min. kochen lassen. Inzwischen Möhren schälen und in feine Scheiben schneiden. Porree putzen, abspülen und in feine Ringe schneiden.

• Tomaten halbieren, den Stielansatz herausschneiden, die Kerne herauslösen und die Tomaten in etwa 1 cm große Würfel schneiden. Petersilie abspülen, trocken schütteln und die Blättchen fein hacken.

• Geöffnete Muscheln aus dem Sud nehmen; jetzt noch geschlossene Muscheln wegwerfen. Etwa zwölf schöne Muscheln in der Schale beiseitelegen. Restliche Muscheln aus der Schale lösen.

• Den Sud durch ein feines Sieb gießen, dabei das Sieb evtl. mit einem Mulltuch oder Filterpapier auslegen. Muschelsud wieder in den Topf geben. Möhren und Porree zugeben und 5 Min. kochen lassen.

• Muschelfleisch und Tomatenwürfel zugeben und 2 Min. ziehen lassen. Suppe mit Salz, Pfeffer und Wermut abschmecken.

• Muscheln in der Schale in vier Suppenteller geben. Heiße Suppe zugießen und mit gehackter Petersilie bestreuen.

Dazu dunkles Bauernbrot mit gesalzener Butter und Schnittlauch oder Baguette mit Knoblauchbutter

Krebseintopf mit Linsen

für Gäste | etwas teurer

4	**Portionen**		
	Zubereitungszeit 1 Std. 30 Min.		
Pro Portion	ca. 380 kcal, E 24 g, F 21 g, KH 23 g		

1 kg	gekochte Flusskrebse (mit Kopf und Schale)	1	Lorbeerblatt
			Meersalz
1	Knoblauchzehe	150 g	Beluga-Linsen
1	rote Pfefferschote	350 g	Blumenkohl
1 Bund	Suppengrün	2–3 EL	Limettensaft
8–10 EL	Olivenöl	1 Bund	Koriandergrün

• Von den Flusskrebsen den Kopf abziehen und das Krebsfleisch aus den Schalen lösen (Kopf und Schalen aufheben). Am Rücken entlang einschneiden und, falls vorhanden, den dunklen Darm entfernen.

• Krebsfleisch abspülen, trocken tupfen und zugedeckt kalt stellen. Köpfe und Schalen abspülen und abtropfen lassen. Knoblauch mit Schale grob zerdrücken. Pfefferschote abspülen und in Ringe schneiden. Suppengrün putzen, abspülen und in grobe Stücke schneiden.

• 1–2 EL Öl in einem großen Topf erhitzen. Krebsköpfe und -schalen, Suppengrün, Knoblauch und Pfefferschote darin anbraten. Etwa 1,7 l kaltes Wasser dazugießen und Lorbeer und ½ TL Meersalz zufügen. Alles aufkochen und bei kleiner Hitze etwa 30 Min. kocheln lassen. Schaum abschöpfen.

• Inzwischen die Linsen in Wasser (ohne Salz) etwa 10 Min. vorkochen. Abgießen, abspülen und abtropfen lassen. Blumenkohl putzen, abspülen und in Röschen teilen. Ein großes Sieb mit einem Tuch auslegen. Krebsfond durch das Tuch gießen und bei starker Hitze auf etwa 1 Liter einkochen lassen.

• Die Linsen in den Krebsfond geben und 12–15 Min. darin kochen. Nach etwa 6 Min. die Blumenkohlröschen dazugeben. Kurz vor Ende der Garzeit das Krebsfleisch zugeben. Eintopf mit Salz, Pfeffer und Limettensaft abschmecken.

• Koriander abspülen und trocken schütteln. Bis auf ein paar Blätter zum Garnieren mit dem übrigen Öl im Mixer fein pürieren. Das Korianderöl kurz vor dem Servieren über den Eintopf träufeln. Eintopf mit Korianderblättern bestreuen.

Tipp **Die Linsen unbedingt extra vorkochen. Sie geben am Anfang viel dunkle Farbe ab und würden den Eintopf unappetitlich aussehen lassen.**

Linsen-Paprika-Eintopf

vegetarisch | schnell | einfach

4	**Portionen**
	Zubereitungszeit 45 Min.
Pro Portion	**ca. 325 kcal, E 23 g, F 7 g, KH 40 g**

250 g	rote Linsen
je 1	rote, gelbe und grüne Paprikaschote
1	Zwiebel
1	Knoblauchzehe
1 Stange	Porree
50 g	getrocknete Tomaten (in Öl)
750 ml	Gemüsebrühe
1 TL	getrockneter Thymian
	Salz, frisch gemahlener Pfeffer
1 EL	Balsamessig
100 g	Feta-Käse (vom Schaf)

● Die Linsen abspülen und abtropfen lassen. Paprika heiß abspülen und den Deckel mit Stiel abschneiden. Die Paprika entkernen und auf einem Gemüse-hobel in dünne Ringe hobeln.

● Zwiebel und Knoblauch abziehen und fein würfeln. Vom Porree das dunkle Grün und den Wurzelansatz abschneiden. Porree kalt abspülen und in dünne Ringe schneiden. Die Tomaten abtropfen lassen, dabei das Öl auffangen. Die Tomaten in Streifen schneiden.

● Tomaten-Öl in einem Topf erhitzen und Zwiebel und Knoblauch darin glasig dünsten.

● Linsen und Brühe zugeben und mit Thymian würzen. Die Linsen etwa 5 Min. kochen. Das Gemüse daraufgeben. Zugedeckt etwa 5 Min. weiterkochen. Mit Salz, Pfeffer und Balsamessig abschmecken.

● Kurz vor dem Servieren den Feta zerbröckeln und über den Eintopf streuen.

Tipps Rote Linsen haben eine kurze Garzeit. Kocht man sie zu lange, verlieren sie ihre Farbe und werden zu weich.

Eine tolle Beilage zu kurz gebratenem Fleisch, besonders zu Lamm: weniger Brühe (etwa 400 ml) zugeben und den Eintopf als Gemüse servieren.

Linseneintopf *mit Speck*

braucht Zeit | einfach | preiswert

4	**Portionen**
	Zubereitungszeit 1 Std. 20 Min.
	Einweichzeit: 12 Std.
Pro Portion	**ca. 435 kcal, E 27 g, F 17 g, KH 43 g**

250 g	getrocknete Tellerlinsen
1	Zwiebel
1	Lorbeerblatt
2	Nelken
250 g	geräucherter durchwachsener Speck
1 Bund	Suppengrün
400 g	Kartoffeln
	Salz, frisch gemahlener Pfeffer
evtl. etwas	glatte Petersilie

• Linsen abspülen. Mit reichlich kaltem Wasser bedeckt über Nacht einweichen.

• Linsen abgießen und mit etwa 1 ¼ l Wasser in einen Topf geben. Zwiebel abziehen und das Lorbeerblatt mit den Nelken an der Zwiebel feststecken. Gewürzzwiebel zu den Linsen geben und das Wasser aufkochen.

• Den Schaum abschöpfen und alles bei kleiner Hitze etwa 30 Min. kochen lassen.

• Speck fein würfeln. Suppengrün putzen, abspülen und klein schneiden. Kartoffeln schälen, abspülen und würfeln.

• Speckwürfel in einer Pfanne knusprig ausbraten und herausnehmen. Suppengrün- und Kartoffelwürfel im Speckfett in der Pfanne anbraten und zusammen mit den Speckwürfeln zu den Linsen geben.

• Suppe mit Salz und Pfeffer würzen und weitere 20–30 Min. kochen lassen, bis die Linsen weich sind. Nochmals mit Salz und Pfeffer abschmecken und die Zwiebel herausnehmen.

• Eventuell Petersilie abspülen, trocken schütteln, grob hacken und über den Eintopf streuen.

Tipps In manchen Gegenden Deutschlands wird die Linsensuppe mit einem Schuss Weißweinessig oder 1 Prise Zucker abgeschmeckt.

Zusätzlich zum Speck passen auch noch Wiener Würstchen in den Eintopf.

Bouillabaisse mit Oliven

für Gäste

6	**Portionen**			
	Zubereitungszeit 1 Std.			
Pro Portion	**ca. 570 kcal, E 34 g, F 39 g, KH 16 g**			

1	rote Chilischote	evtl. 2 EL	Noilly Prat (trockener Wermut)
2	Knoblauchzehen	1 Päckchen	Safranfäden
½	Baguette (vom Vortag)	800 ml	Fischfond (aus dem Glas)
2 EL	Oliven-Tapenade (aus dem Glas)	500 g	weißes Fischfilet ohne Haut
150 g	Mayonnaise	6	ungeschälte rohe Riesen-
1 Bund	Suppengrün		garnelen (à 35 g; ohne Kopf)
2 EL	Olivenöl	200 g	schwarze Oliven (ohne Stein)
½	Bio-Zitrone		Meersalz, frisch gemahlener
1 Dose	stückige Tomaten (400 g)		Pfeffer

• Für die Rouille die Chilischote abspülen, halbieren, längs aufschneiden, entkernen, abspülen und fein hacken (mit Küchenhandschuhen arbeiten!). Knoblauch abziehen und fein hacken. Eine Scheibe vom Baguette abschneiden und mit den Händen fein zerkrümeln. Chili, Knoblauch und Baguette-Krümel mit der Oliven-Tapenade und Mayonnaise verrühren und kalt stellen.

• Für die Suppe das Suppengrün putzen, abspülen und in kleine Würfel schneiden. Das Öl in einem Topf erhitzen und das Suppengrün darin bei kleiner Hitze etwa 10 Min. dünsten. Die Zitrone heiß abspülen, trocken tupfen und die Schale fein abreiben. Stückige Tomaten, Zitronenschale, eventuell Noilly Prat und den Safran dazugeben und unterrühren. Den Fischfond zugießen. Aufkochen und bei kleiner Hitze etwa 20 Min. kochen lassen.

• Den Backofen auf höchster Stufe oder den Grill vorheizen. Das restliche Baguette in sehr dünne Scheiben schneiden. Fischfilet abspülen und in kleinere Stücke schneiden. Garnelen abspülen. Fisch, Garnelen und Oliven zur Suppe geben und zugedeckt in etwa 8 Min. gar ziehen lassen. Inzwischen die Baguettescheiben auf ein Backblech legen und im Ofen etwa 4 Min. rösten. Die Suppe mit Salz und Pfeffer abschmecken.

• Geröstete Baguettescheiben aus dem Ofen holen, mit der Rouille bestreichen und zur Suppe servieren.

Tipp Klassisch kommen die Garnelen ungeschält in die Bouillabaisse. Die Suppe ist aber einfacher zu essen, wenn die Garnelen vorher ausgelöst werden.

Minestrone

für Gäste | einfach

6	**Portionen**
	Zubereitungszeit 45 Min.
Pro Portion	**ca. 480 kcal, E 26 g, F 27 g, KH 32 g**

400 g	Kabanossi-Wurst oder Mett-Enden
2	Knoblauchzehen
300 g	Wirsing
1	Porreestange
200 g	Mangold
2	Möhren
1 Dose	große weiße Bohnenkerne (250 g Abtropfgewicht)
2 EL	Öl
1 Dose	stückige Tomaten (400 g)
1 ½ l	Gemüsebrühe
200 g	kleine Nudeln (z. B. Ditaloni lisci)
	Salz, frisch gemahlener Pfeffer
50 g	Parmesan-Käse zum Bestreuen

• Die Kabanossi in Scheiben schneiden. Knoblauch abziehen und hacken.

• Das Gemüse putzen und abspülen. Wirsing, Porree und Mangold in Streifen schneiden. Möhren schälen und in Scheiben schneiden. Bohnen in ein Sieb gießen und abspülen

• Das Öl in einem großen Topf erhitzen. Wurst und Knoblauch darin anbraten. Porree und Möhren dazugeben und kurz mitbraten.

• Tomaten und die Brühe zugießen. Wirsing, Mangold und Bohnen zugeben und alles bei mittlerer Hitze etwa 10 Min. kochen. Die Nudeln nach Packungsangabe in sprudelnd kochendem Salzwasser garen.

• Nudeln abgießen und in die Suppe geben. Die Minestrone mit Salz und Pfeffer würzen. Den Parmesan dünn hobeln und über die Suppe streuen.

Dazu Ciabatta-Brot

Tipp Minestrone gehört zu den italienischen Klassikern. Hier schwört jede Familie auf ihr Rezept. Bohnen und Nudeln gehören aber immer hinein.

Nudelsuppe *mit Salsa verde*

gut vorzubereiten

6	**Portionen**
	Zubereitungszeit 1 Std.
	Garzeit 1 Std. 30 Min.
Pro Portion	**ca. 605 kcal, E 49 g, F 28 g, KH 40 g**

2 Bund	glatte Petersilie	1	Lorbeerblatt
3	Knoblauchzehen	4	Nelken
2 TL	Kapern	1 TL	schwarze Pfefferkörner
2	Sardellenfilets	300 g	Möhren
6 EL	Olivenöl	400 g	Fenchel
	frisch gemahlener Pfeffer, Salz	150 g	Kabanossi-Wurst oder
600 g	Hochrippe vom Rind		Mett-Enden
1	Hähnchenbrust am Knochen	300 g	Gnocchi-Nudeln
1	Zwiebel		

• Für die Salsa verde Petersilie abspülen und trocken schütteln. Die Blättchen abzupfen und grob hacken. Den Knoblauch abziehen und zerdrücken.

• Petersilie, Knoblauch, Kapern und Sardellen im Blitzhacker zerkleinern. Das Öl unterrühren. Mit Pfeffer und nach Bedarf mit Salz würzen.

• Für die Suppe das Rindfleisch und die Hähnchenbrust abspülen. Rindfleisch in einen Topf geben und mit etwa 2 l Wasser bedecken. Die Zwiebel abziehen und zusammen mit Lorbeer, Nelken und den Pfefferkörnern in den Topf geben.

• Das Fleisch im geschlossenen Topf aufkochen und anschließend bei kleiner Hitze 40 Min. kochen. Die Brühe zwischendurch eventuell abschäumen. Die Hähnchenbrust zufügen und weitere 30 Min. kochen. Die Brühe salzen.

• Möhren und Fenchel putzen, abspülen und in Würfel schneiden. Die Kabanossi in Scheiben schneiden. Das Fleisch aus der Brühe nehmen und etwas abkühlen lassen. Hähnchenbrust vom Knochen lösen und die Haut entfernen. Rind- und Hähnchenfleisch in Würfel schneiden.

• Die Brühe durch ein Tuch gießen und aufkochen. Gemüse zufügen und etwa 6 Min. mitkochen. Fleisch und Wurst in die Suppe geben und 5 Min. kochen. Nudeln nach Packungsangabe in Salzwasser kochen. Abgießen und mit der Suppe vermengen. Mit Salz und Pfeffer abschmecken. Salsa verde dazu servieren.

Tipp Falls Salsa verde übrig bleibt, in ein Schraubdeckelglas füllen und mit Olivenöl bedecken. So hält sie sich 3 bis 4 Tage im Kühlschrank.

Orientalische Lammhacksuppe

schnell | raffiniert

2	**Portionen**			
	Zubereitungszeit 20 Min.			
Pro Portion	**ca. 245 kcal, E 35 g, F 27 g, KH 19 g**			

2	Möhren		400 ml	Lammfond (aus dem Glas)
1	Zwiebel			Salz
1	Knoblauchzehe		100 g	Sahnejoghurt
1 TL	Ras el Hanout (oder Curry)		2–3 TL	Zitronensaft
2 EL	Öl		2 Zweige	Minze
250 g	Lammhackfleisch			
½ Dose	Kichererbsen (125 g Abtropfgewicht)			

• Möhren schälen und fein würfeln. Zwiebel und Knoblauchzehe abziehen. Zwiebel fein würfeln und zusammen mit dem zerdrückten Knoblauch und dem Ras el Hanout im heißen Öl glasig dünsten.

• Hackfleisch dazugeben, mit einer Gabel zerdrücken und krümelig braun anbraten. Möhrenwürfel dazugeben und weitere 3 Min. dünsten. Kichererbsen in ein Sieb gießen und abtropfen lassen.

• Abgetropfte Kichererbsen und den Lammfond zum Hackfleisch geben und kurz aufkochen lassen. Suppe mit etwas Ras el Hanout und Salz abschmecken.

• Joghurt, Zitronensaft und Salz verrühren und abschmecken. Minze kalt abspülen, trocken schütteln und die Blätter fein hacken. Minze und Joghurt verrühren und zur Suppe reichen.

Dazu Fladenbrot

Tipps Ras el Hanout gibt es als fertige Gewürzmischung in jedem gut sortierten Supermarkt.

Die restlichen Kichererbsen aus der Dose mit dem Stabmixer pürieren, etwas Joghurt und Olivenöl unterrühren und mit Ras el Hanout und Salz abschmecken. Als Brotaufstrich zu Fladenbrot servieren.

Feine Ribollita

gut vorzubereiten

4 Portionen
Zubereitungszeit 1 Std. 15 Min.
Pro Portion ca. 415 kcal, E 14 g, F 27 g, KH 30 g

1	kleines Bund Suppengrün	1 Bund	Basilikum
je 2	Schalotten und Knoblauchzehen		Meersalz
6 EL	Olivenöl	1	Roggenbrötchen
1 TL	Tomatenmark	12	frische Salbeiblätter
800 ml	Gemüsefond (aus dem Glas)	150 g	Sahne
etwa 80 g	Abschnitte vom Parmaschinken		Olivenöl zum Beträufeln
3 Dosen	Canellinibohnen (à 250 g Abtropfgewicht)		frisch gemahlener Pfeffer

• Suppengrün putzen, abspülen und fein würfeln. Schalotten und Knoblauch abziehen und würfeln. 2 EL Olivenöl in einem Topf erhitzen und Suppengrün, Schalotten und Knoblauch mit dem Tomatenmark darin andünsten. Fond und Schinkenabschnitte zum Gemüse geben und alles 10 Min. kochen lassen.

• Bohnen in ein Sieb gießen und abtropfen lassen. Basilikum abspülen, trocken schütteln und grob hacken. Zwei Drittel der Bohnen und das Basilikum zur Suppe geben, kurz aufkochen. Schinkenabschnitte entfernen und die Suppe durch die Flotte Lotte drehen oder mit dem Stabmixer pürieren. Suppe durch ein feines Sieb passieren und mit Meersalz abschmecken.

• Brötchen in dünne Scheiben schneiden und diese nacheinander mit den Salbeiblättern im restlichen Olivenöl knusprig braun braten. Salbei und Brotscheiben auf Küchenkrepp abtropfen lassen.

• Ribollita kurz vor dem Servieren unter Rühren langsam erwärmen. Sahne steif schlagen und mit dem Stabmixer kurz unterschlagen. Wenn die Suppe zu dick ist, eventuell etwas Fond unterrühren.

• Ribollita in vorgewärmte Suppentassen oder -teller geben. Restliche Bohnen hineingeben und den Eintopf mit Olivenöl beträufeln. Mit frisch gemahlenem Pfeffer bestreuen. Gebratene Salbeiblätter auf die Ribollita streuen und das Ganze sofort mit den gerösteten Brotscheiben servieren.

Tipps Ribollita ist ein typisch italienischer Eintopf und enthält immer Bohnen. Dieses Rezept stammt von der Hamburger Sterneköchin Cornelia Poletto. Wenn es keine Canellinibohnen gibt, tun es weiße Bohnen aus der Dose.

Tomaten-Bohnen-Eintopf

vegetarisch | schnell | einfach

4	**Portionen**
	Zubereitungszeit 40 Min.
Pro Portion	**ca. 390 kcal, E 19 g, F 21 g, KH 30 g**

1	Gemüsezwiebel (300 g)
2	Möhren (200 g)
2 EL	Erdnussöl
3	Knoblauchzehen
1 Dose	geschälte Tomaten (800 g)
1 Dose	Dicke Bohnen (Abtropfgewicht 800 g)
700 ml	Gemüsebrühe
	Salz, frisch gemahlener Pfeffer
2	Bio-Zitronen
1	reife Avocado
1	rote Chilischote
100 g	Feta-Käse (vom Schaf)
½ Bund	glatte Petersilie

• Zwiebel und Möhren schälen und fein würfeln. Öl in einem Topf erhitzen und Zwiebel und Möhren darin 5 Min. dünsten. Knoblauch abziehen, fein hacken und kurz mitdünsten.

• Die Tomaten in der Flüssigkeit etwas zerdrücken. Bohnen in ein Sieb gießen und abtropfen lassen. Tomaten, Bohnen und Brühe in den Topf geben. Alles mit Salz und Pfeffer würzen und etwa 10 Min. kochen. Eine Zitrone auspressen.

• Die Avocado halbieren, entsteinen, schälen und würfeln. Die Avocadowürfel sofort mit dem Zitronensaft beträufeln.

• Die Chilischote aufschneiden, entkernen und fein hacken (mit Küchenhandschuhen arbeiten!). Den Feta-Käse mit einer Gabel zerdrücken.

• Petersilienblättchen abspülen, trocken schütteln und hacken. Avocado, Chili, Feta-Käse und Petersilie mischen.

• Die Suppe zum Servieren in tiefe Teller füllen und die Avocado-Feta-Mischung darüberstreuen. Die restliche Zitrone halbieren und die Hälften dazu reichen. Den Saft vorm Essen über die Suppe träufeln.

Dazu geröstete Bauernbrotscheiben

Bayerischer Bohneneintopf

braucht etwas Zeit

4	**Portionen**
	Zubereitungszeit 1 Std.
	Einweichzeit 12 Std.
Pro Portion	**ca. 605 kcal, E 31 g, F 37 g, KH 33 g**

250 g	getrockneter Bohnen-Mix	1 EL	Öl
	(weiße Bohnen, Wachtelbohnen	100 ml	Weißwein oder Brühe
	und Kidney- Bohnen)	200 g	Sahne
5 g	getrocknete Steinpilze		Salz, frisch gemahlener Pfeffer
200 g	kleine Champignons	1–2 EL	süßer Senf
300 g	Weißwurst	½ Bund	Schnittlauch
2	Zwiebeln		

• Die Bohnen abspülen und über Nacht in 750 ml Wasser einweichen. Die Bohnen mit dem Einweichwasser in einen Topf geben, aufkochen und zugedeckt bei mittlerer Hitze etwa 45 Min. garen.

• Inzwischen Steinpilze im Blitzhacker fein zerkleinern. Champignons putzen, kurz abspülen oder mit Küchenkrepp abreiben und je nach Größe halbieren.

• Die Haut von den Weißwürsten abziehen und die Würste in Scheiben schneiden. Zwiebeln abziehen und fein würfeln. Öl in einer Pfanne erhitzen und Zwiebeln darin glasig dünsten.

• Champignons und Weißwürste zufügen und anbraten. Steinpilze und Weißwein zugeben und aufkochen lassen.

• Alles zu den Bohnen in den Topf geben. Sahne zugießen und 10 Min. bei kleiner Hitze kochen lassen. Mit Salz, Pfeffer und süßem Senf abschmecken.

• Den Schnittlauch abspülen, mit einer Küchenschere in Röllchen schneiden und über den Eintopf streuen.

Tipps Weiße Bohnen und Kidney-Bohnen gibt es auch in Dosen. Dann die Wachtelbohnen eventuell durch TK-Sojabohnen ersetzen. So entfällt die lange Einweichzeit.

Die Weißwurst kann durch Bockwurst ersetzt werden.

Klassiker

Erbseneintopf mit Croûtons

Erbsensuppe hilft gegen Kälte, Heimweh und Hunger. Und noch besser hilft sie, wenn sie aus dem großen Topf kommt und mit vielen am großen Tisch gegessen wird.

4 Portionen
Zubereitungszeit 30 Min.
Garzeit 1 Std. 30 Min.
Einweichzeit 12 Std.
Pro Portion **ca. 480 kcal, E 26 g, F 22 g, KH 43 g**

250 g	ungeschälte getrocknete Erbsen	einige Stängel	Basilikum und Majoran
200 g	geräucherter durchwachsener		Salz, frisch gemahlener Pfeffer
	Speck	2–3 Scheiben	Toastbrot
1 Bund	Suppengrün	1–2 EL	Butter
200 g	kleine Kartoffeln		

• Erbsen über Nacht in gut 1,5 l kaltem Wasser einweichen (Step 1). Erbsen mit dem Einweichwasser und dem Speck am Stück in einen Topf geben und bei kleiner Hitze etwa 45 Min. kochen.

• Suppengrün putzen, abspülen und klein schneiden. Kartoffeln schälen und würfeln. Beides zu den Erbsen geben und nochmals etwa 45 Min. kochen. Wenn der Eintopf sehr dick ist, eventuell noch etwas Wasser oder Brühe dazugeben.

• Den Speck aus der Suppe nehmen und fein würfeln (Step 2), die Schwarte abschneiden. Speckwürfel wieder in die Suppe geben. Kräuter abspülen, trocken schütteln, fein hacken und zur Suppe geben. Mit Salz und Pfeffer würzen.

• Für die Croûtons Toastbrot entrinden und in kleine Würfel schneiden. Butter in einer Pfanne erhitzen und die Brotwürfel darin goldbraun anbraten (Step 3). Suppe in Tellern oder Suppentassen anrichten und mit Croûtons bestreuen.

Tipps Statt durchwachsenem Speck Kassler, geräucherte Kochwurst oder Pökelfleisch nehmen. Wenn ein Stück Speckschwarte oder Schinkenknochen mitgekocht wird, bekommt der Eintopf ein kräftiges Raucharoma.

Erbsensuppe lässt sich prima einfrieren. Am besten gleich eine große Menge kochen, aufgewärmt schmeckt's noch besser.

Gerichte mit getrockneten Hülsenfrüchten erst nach dem Kochen salzen, sonst bleiben die Erbsen, Linsen oder Bohnen fest.

Dazu
Wiener Würstchen

1

2

3

Sauerkraut-Kartoffel-Eintopf

einfach | preiswert

4	**Portionen**
	Zubereitungszeit 50 Min.
Pro Portion	**ca. 475 kcal, E 18 g, F 34 g, KH 22 g**

1	Zwiebel
300 g	festkochende Kartoffeln
100 g	durchwachsener Speck
1 EL	Schweine- oder Butterschmalz
50 g	getrocknete Apfelringe
500 g	Champagner-Sauerkraut
4	Wacholderbeeren
1 TL	Pimentkörner
200 g	Kabanossi-Wurst
	Salz, frisch gemahlener Pfeffer
1 TL	Kümmel
150 g	Schmand

• Die Zwiebel abziehen und hacken. Die Kartoffeln schälen. Kartoffeln und Speck in Würfel schneiden.

• Das Schmalz in einem Topf erhitzen und Zwiebel, Kartoffeln und Speck darin anbraten. Die getrockneten Apfelringe klein schneiden. Sauerkraut und klein geschnittene Apfelringe in den Topf geben.

• Wacholderbeeren, Piment und 750 ml Wasser dazugeben und alles zugedeckt 30 Min. schmoren.

• Die Kabanossi in Scheiben schneiden, dazugeben und weitere 5 Min. schmoren. Den Eintopf mit Salz und Pfeffer würzen. Den Kümmel im Mörser sehr fein zermahlen. Kümmel mit dem Schmand verrühren und mit Salz und Pfeffer würzen. Den Kümmelschmand zum Eintopf servieren.

Tipp Wer keinen Kümmel mag, rührt Schnittlauch oder Curry unter den Schmand.

Süßkartoffel-Kürbis-Eintopf

vegetarisch | schnell | einfach

4	**Portionen**
	Zubereitungszeit 35 Min.
Pro Portion	ca. 410 kcal, E 11 g, F 21 g, KH 43 g

2	Schalotten
450 g	Süßkartoffeln
800 g	Kürbis (z. B. Hokkaido)
2 EL	Olivenöl
2 TL	Rosenpaprika
400 ml	Milch
½ l	Gemüsefond (aus dem Glas)
	Salz, frisch gemahlener Pfeffer
	Zitronensaft
50 g	Pecan- oder Walnusskerne
3–5 Stiele	Minze
75 g	Staudensellerie
150 g	griechischer Joghurt (10 % Fett)

• Schalotten abziehen und fein würfeln. Süßkartoffeln schälen, abspülen und in Stücke schneiden. Kürbis schälen, entkernen und in Stücke schneiden.

• Öl in einem Topf erhitzen. Schalotten, Süßkartoffeln und Kürbis etwa 3 Min. darin anbraten. Mit Paprikapulver bestäuben.

• Milch und Gemüsefond dazugießen und bei mittlerer Hitze etwa 10 Min. kochen lassen. Etwa zwei bis drei Kellen Gemüse aus dem Fond nehmen, mit dem Stabmixer pürieren und wieder in den Topf geben. Eintopf mit Salz, Pfeffer und Zitronensaft abschmecken.

• Nüsse hacken und in einer Pfanne ohne Fett anrösten. Abkühlen lassen. Minze abspülen, trocken tupfen und fein hacken. Sellerie putzen, abspülen und fein würfeln. Nüsse, Minze und Sellerie vermischen.

• Den Eintopf in Portionen anrichten und je einen Klecks Joghurt daraufgeben. Mit der Nuss-Sellerie-Mischung bestreuen und servieren.

Tipps Das pürierte Gemüse gibt dem Eintopf die sämige Bindung. Wer mag, kann das Gemüse auch im Topf mit einem Kartoffelstampfer fein zerdrücken.

Statt griechischem Joghurt normalen Vollmilch- oder Sahnejoghurt nehmen.

Kartoffeleintopf

schmeckt Kindern | einfach

4	**Portionen**
	Zubereitungszeit 45 Min.
Pro Portion	ca. 655 kcal, E 25 g, F 45 g, KH 36 g

1	Zwiebel
1	Bund Suppengrün
1 kg	Kartoffeln
2 EL	Butterschmalz
1 ½ l	Gemüsebrühe
1	Lorbeerblatt
	Salz, frisch gemahlener Pfeffer
½ Bund	glatte Petersilie oder Majoran
4 Paar	Würstchen (z. B. Wiener oder Frankfurter)

• Zwiebel abziehen und würfeln. Suppengrün putzen, abspülen und ebenfalls würfeln. Kartoffeln schälen, abspülen und würfeln.

• Butterschmalz in einem großen Topf erhitzen. Zwiebel, Suppengrün und Kartoffeln darin andünsten. Brühe und Lorbeer dazugeben und alles bei kleiner Hitze etwa 25 Min. kochen lassen.

• Nach Belieben die Kartoffeln etwas zerstampfen, damit die Suppe sämig wird. Mit Salz und Pfeffer abschmecken. Petersilie abspülen, trocken schütteln, hacken und in die Suppe geben.

• Würstchen in einem anderen Topf in heißem Wasser erwärmen oder in Scheiben geschnitten direkt in der Suppe erhitzen.

Tipps   Noch herzhafter und rauchiger schmeckt die Suppe mit Kochwurst.

Selbst gekochte Brühe oder Kalbs- oder Gemüsefond zum Angießen macht die Kartoffelsuppe edler.

Statt Würstchen kommen getrocknete Tomaten in Öl mit in die Suppe. Schon ist sie vegetarisch!

Die Wahl der Kartoffelsorte hängt davon ab, ob die Suppe eher sämig (mehligkochende) oder stückig (festkochende) sein soll.

Das große Plus: *Suppen & Eintöpfe*

Brühe, Bouillon oder Fond

Brühe wird meist aus Rindfleisch gemacht, aber es gibt natürlich auch Hühnerbrühe, Wildbrühe oder Fischbrühe. Diese werden in der Regel als »Fond« bezeichnet.

Für eine Brühe werden Knochen mit Fleisch und Fleischabschnitte mit reichlich kaltem Wasser aufgesetzt, langsam zum Kochen gebracht und dann über mehrere Stunden gerade eben am Siedepunkt gehalten. Beim Kochen geben Fleisch und Knochen als Erstes Eiweiß ab, dieses bildet einen braunen Schaum, der regelmäßig abgeschöpft werden sollte. Dann löst sich das Fett aus Knochen und Fleisch, dieses sollte auch immer wieder abgeschöpft werden, sonst könnte es die Brühe trüben. Etwa 45 Minuten vor Ende der Kochzeit werden vorbereitetes Suppengemüse und gebräunte Zwiebelhälften zugegeben, sie geben der Brühe Geschmack und Farbe, dürfen aber nicht zu lange mitkochen. Dann die Brühe durch ein feines Sieb gießen. Sie ist Grundlage für viele Suppen, Saucen oder Kraftbrühe.

Nicht immer ist die Zeit für eine selbst gemachte Brühe da. Da helfen Fonds und Brühen aus dem Supermarkt. Gemüsefond und verschiedene Fleisch- oder Geflügelfonds gibt es in guter Qualität im Glas. Sie werden auch als dickflüssiges Konzentrat oder als Paste angeboten. Und natürlich gibt es Gemüse- und Fleischbrühe in getrockneter Form als Pulver oder Suppenwürfel. Bitte dort auf die Zutatenliste achten. Wer auf Glutamat allergisch reagiert, sollte lieber Bio-Brühe nehmen. Auf Sojabasis ist Miso-Suppe hergestellt.

Ein guter Tipp, wenn rohes Gemüse übrig bleibt und nicht so schnell Verwendung findet: Das Gemüse klein schneiden und etwa 30 Minuten in leicht gesalzenem Wasser kochen. Durch ein Sieb gießen, Gemüse wegwerfen und die Brühe auf die gewünschte Konzentration einkochen. Abkühlen lassen und in Eiswürfelbehältern einfrieren. So ist immer eine gute Brühe im Vorrat – hausgemacht und garantiert frei von Zusatzstoffen!

Kraftbrühe oder Consommé

Das ist ein kräftiger geklärter Fond von Fleisch, Geflügel oder Fisch. Hierfür wird die Brühe mit Klärfleisch – das ist fein gehacktes Rindfleisch aus der Rinderhesse (Beinscheibe) – aufgesetzt und noch einmal gekocht. Man rechnet pro Liter Brühe etwa 200 g Fleisch. Das Rindfleisch wird zusammen mit frischem Suppengemüse durch den Fleischwolf gedreht und dann mit Eiweiß unter die abgekühlte Brühe gerührt. Nun wird die Brühe vorsichtig bis zum Kochen erwärmt, dabei bildet sich ein fester Kuchen aus Fleisch und Eiweiß an der Oberfläche, in dem alle Trübstoffe eingeschlossen worden sind. Nach dem Aufkochen sollte die Suppe etwa 1 bis 2 Stunden leicht ziehen, dabei geben Fleisch und das Gemüse noch einmal Aroma an die Brühe ab. Der Fleischkuchen wird am Ende vorsichtig mit einer Schöpfkelle entfernt und weggeworfen. Die Brühe wird noch einmal durch ein Sieb und eventuell ein Passiertuch gegossen. Wer möchte, entfettet sie restlos.

Doppelte Kraftbrühe

Basis ist hier eine normale Kraftbrühe aus Rindfleisch und Gemüse. Diese Brühe wird mit der doppelten Menge Rindfleisch als bei der normalen Kraftbrühe geklärt, daher der Name »doppelte Kraftbrühe«. (Klären bedeutet: Aufkochen der Suppe mit gehacktem Fleisch und Eiweiß, damit sich die Trübstoffe mit dem Klärfleisch verbinden und so aus der Suppe entfernt werden können.) Bei der doppelten Kraftbrühe wird mit etwa 400 g Fleisch pro Liter Brühe gerechnet. Dieses Fleisch sorgt für einen besonders kräftigen Geschmack und eine schöne, runde Konsistenz der Brühe.

Suppenfleisch

Als Suppenfleisch eignen sich durchwachsene Stücke mit Knochenanteil besonders gut. Suppenfleisch ist immer Rindfleisch. Es gibt fünf verschiedene Stücke, die als Basis für Brühen und Suppen verwendet werden. Sie unterscheiden sich auf den ersten Blick im Anteil an Fleisch, Fett und Knochen und im Preis, ergeben aber auch alle eine andere Suppe: Viele Sehnen und Knorpel im Fleisch machen die Suppe leicht »leimig« oder klebrig und lassen sie trüb werden, sorgen aber auch für ein Gelieren der kalten Suppe. Viel Fleisch gibt einen sehr aromatischen Geschmack. Unser Tipp: Kaufen Sie für eine »gute Suppe« beim Metzger wie früher Suppenfleisch. Das ist eine bunte Mischung aus verschiedenen Stücken, dazu kommen ein paar Knochen. Daraus wird mit Sicherheit eine perfekte Brühe!

Beinscheibe Das sind etwa 3 bis 5 cm dicke Scheiben aus dem Unterschenkel des Rindes, immer mit einem Stück Knochen in der Mitte, meist einem runden Markknochen. Die Brühe ist sehr klar und hell und mäßig aromatisch, damit eignet sie sich sehr gut zum Kochen einer Consommé. Das Fleisch ist saftig, aber von Fett und Sehnen durchwachsen. Da die Beinscheibe nur sehr wenig Fett (1 Esslöffel pro 650 g Beinscheibe) abgibt, passt sie gut in einen Eintopf oder eine Linsensuppe. Ein Kilogramm Beinscheibe kostet etwa 5 Euro und reicht für etwa einen Liter Brühe.

Ochsenschwanz (Foto rechts oben) wird meist in etwa 5 cm langen Stücken angeboten, der Anteil an Knochen und Sehnen ist hoch. Die unteren Stücke sind recht mager, die dickeren Stücke oben haben einen höheren Fettanteil. Beim Kochen gibt der Ochsenschwanz etwas mehr Fett (2 bis 3 Esslöffel pro 650 g Ochsenschwanz) ab, die Brühe schmeckt sehr aromatisch, ist aber trüb. Das Fleisch sitzt sehr fest, ist von vielen Knorpeln und Sehnen durchzogen und muss mühsam abgelöst werden. Die Brühe ist eine tolle Basis für Risotto oder ein Ragout. Das Kilogramm Ochsenschwanz kostet etwa 7 Euro und reicht für etwa einen Liter Brühe.

Ochsenschwanz

Rinderbrust (Foto rechts oben) Sie besteht etwa zur Hälfte aus Knochen/Fett und Fleisch. Die Brühe ist klar und mäßig aromatisch, vergleichbar mit der Brühe aus Beinscheibe. Die Rinderbrust gibt mehr Fett (4 Esslöffel pro 650 g Rinderbrust) ab, und das Fleisch – ein großes, zusammenhängendes Stück – ist recht fest. Wer mag, kocht aus der Brust eine Brühe und serviert das Fleisch am nächsten Tag wie einen Tafelspitz z. B. mit Meerrettichsauce. Das Kilogramm Rinderbrust kostet etwa 5 Euro und reicht für etwa einen Liter Brühe.

Querrippe (Foto rechts) Der Anteil Fleisch/Knochen und Fett ist hier fast gleich, daher ist die Brühe sehr fettig (7 Esslöffel pro 650 g Querrippe), sie schmeckt aber schön aromatisch und ist klar. Der Fleischanteil ist nach dem Kochen klein. Das Kilogramm Querrippe kostet etwa 4 Euro. Wie die Beinscheibe ist auch die Querrippe prima für Kraftbrühe geeignet. Ein Kilogramm Querrippe reicht auch für etwa einen Liter Brühe.

Hohe Rippe Reines Fleisch ohne Knochen, leicht mit Fett durchzogen. Ergibt eine tolle, sehr aromatische

Brühe, die zwar recht dunkel, aber dennoch klar ist. Der Fettanteil ist mittel (2 bis 3 Esslöffel pro 650 g Hohe Rippe) und das Fleisch schmeckt sehr zart. Die Hohe Rippe ist ideal für eine Fleischsuppe, da das ganze Stück als Suppeneinlage verwendet werden kann. Das Kilogramm kostet etwa 8 Euro und ergibt etwa einen Liter Brühe. Hohe Rippe eignet sich auch sehr gut zum Schmoren.

Rinderbrust

Querrippe

Tipps für gute Bindung

Kartoffeln Alle pürierten Gemüsesuppen werden durch eine mitgekochte Kartoffel, die ebenfalls püriert wird, schön cremig-sämig. Am besten mehligkochende Sorten verwenden, und die geschälte Kartoffel je nach Garzeit der anderen Gemüse in gröbere oder feinere Stücke schneiden. Beim Pürieren etwas aufpassen: Wird zu lange püriert, kann die Kartoffel verkleistern.

Mehlbutter ist schnell gemacht: einfach die gleiche Menge Mehl und weiche Butter verkneten und zu kleinen Kugeln rollen. Dann eine Kugel nach der anderen in die kochende Suppe geben und gut unterrühren, so bekommt die Suppe Bindung. Nach der Zugabe der Mehlbutter noch ein paar Minuten kochen.

Stärke Ein bis zwei Esslöffel Stärke mit 50 ml kaltem Wasser verrühren und nach und nach in die kochende Suppe geben, es dauert etwas, bis die Bindung einsetzt. Dann noch kurz weiterkochen, damit der Stärkegeschmack wieder verschwindet.

Eigelb und Sahne binden Cremesuppen am feinsten. Eigelb und Sahne zu etwa gleichen Teilen und etwas heiße, pürierte Suppe verrühren. Langsam unter die restliche Suppe rühren. Nicht mehr kochen lassen.

Hülsenfrüchte

Aus getrockneten Hülsenfrüchten werden auf der ganzen Welt köstliche und nahrhafte Eintöpfe und Suppen gekocht. Hülsenfrüchte sind aufgrund ihres hohen Eiweißgehaltes sehr hochwertige Lebensmittel, besonders wichtig sind sie für Vegetarier. Für alle Sorten gilt: am besten vor dem Kochen einweichen, dann garen sie schneller und gleichmäßiger. Auf keinen Fall Salz oder Brühe ins Kochwasser geben, dann bleiben die Hülsenfrüchte hart. Nach dem Kochen sorgt ein Schuss Zitrone oder Essig für noch besseres Aroma.
Hier eine Übersicht der beliebtesten Hülsenfrüchte:

Erbsen Getrocknete Erbsen und frische, grüne Erbsen gehören zur gleichen Familie, unterscheiden sich jedoch in der Sorte. Für frische, gefrorene und Dosenware werden überwiegend Markerbsen verwendet, sie schmecken schön süß. Für Trockenerbsen wird meist die Palerbse geerntet, sie lässt sich gut trocknen und ist etwas mehlig. Es gibt getrocknete Erbsen als ganze Erbse oder halbe Erbse, die halben sind schneller gar. Gelbe Schälerbsen müssen nicht eingeweicht werden und sind ebenfalls schnell gar. Als Instant-Produkt gibt es seit über 100 Jahren Erbswurst, das ist eine Paste aus Trockenerbsen, Fett, Speck und Gewürzen, die in heißes Wasser gelegt und zur schnellen Erbsensuppe für unterwegs wurde.

Kichererbsen Sie werden hauptsächlich in Indien und im arabischen Raum gegessen. Typische Gerichte sind Hummus, das Kichererbsenmus, Currys mit Kichererbsen und Falafel, die frittierten Kichererbsen-Bällchen. Kichererbsen müssen vor dem Kochen mehrere Stunden eingeweicht werden, damit sie vollständig durchgaren. Außerdem gehen beim Einweichen unverdauliche Stoffe ins Wasser über, daher sollte dieses weggegossen und die Erbsen dann in frischem Wasser gekocht werden. Wenn Kichererbsen zu lange gelagert werden, trocknen sie so stark aus, dass sie auch nach langem Kochen nicht mehr ganz weich werden. Die Erbsen daher am besten nach maximal einem Jahr essen.

Linsen sind wahre Kraftpakete: Sie haben einen hohen Eiweißgehalt von 33 bis 35 Prozent, viele Ballaststoffe, Mineralien und die Spurenelemente Eisen und Fluor. Je kleiner die Linse, umso größer das Aroma: Die edlen **Puy-Linsen (1)** sind grün-blau gesprenkelt und kommen hauptsächlich aus der Auvergne in Frankreich. Durch ihr kräftiges Aroma schmecken sie als Salat, in Pasteten oder auch gekeimt als Sprossen. Die Linsen zerfallen beim Kochen nicht, sie brauchen etwa 30 Minuten.

Pardina-Linsen (2) sind eine Spezialität aus Amerika. Die kleinen, dunkel gesprenkelten Linsen zerkochen nicht so schnell und haben ein herzhaftes Aroma. Sie eignen sich super für Salate; die Kochzeit liegt bei etwa 30 Minuten.

Beluga-Linsen (3) sind nach dem berühmten Kaviar benannt, da sie fast ebenso klein, schwarz und glänzend sind. Das feine Aroma erinnert an Maronen. Sie sind ideal für feine Gemüsebeilagen und Vorspeisen geeignet. Die Linsen zerfallen nicht und sind nach etwa 20 Minuten gar.

Rote Linsen (4) sind geschält und gespalten, sie zerkochen leicht, sind aber auch besser verträglich als ungeschälte Linsen. Sie sind nach etwa 10 Minuten gar. Beim Kochen werden sie gelb. Ideal für Suppen und Eintöpfe.

Braune **Tellerlinsen (5)** sind die größten. Sie kochen sämig-weich und eignen sich am besten für Eintöpfe oder Brotaufstriche. Über Nacht einweichen, dann sind sie nach etwa einer Stunde gar.

Suppeneinlagen

Aus einer einfachen Suppe wird mit ein oder zwei Einlagen schon eine kleine, feine Mahlzeit.

Eierstich gehört in jede Hochzeitssuppe. Die Herstellung ist etwas aufwendig. Eier werden mit Milch oder Brühe vermischt, mit Salz und Muskat gewürzt und dann in einer verschlossenen Form im Wasserbad gegart. Nach dem Abkühlen wird der Eierstich dann entweder gewürfelt oder, wenn die Masse noch warm ist, zu Klößchen geformt.

Backerbsen sind keine Erbsen, sondern ein frittierter Teig aus Mehl, Eiern, Milch und Salz. Sie werden durch ein Sieb in Frittierfett gedrückt und goldbraun ausgebacken. Sie sind sehr knusprig und werden erst kurz vor dem Servieren in die heiße Suppe, meist in eine Kraftbrühe, gegeben. Es gibt sie auch als getrocknetes Fertigprodukt.

Flädle oder Frittaten sind feine, dünne Pfannkuchen aus Eiern, Mehl, Milch, Salz und Muskat. Sie werden nach dem Ausbacken aufgerollt und in dünne Streifen geschnitten. Wer mag, gibt noch Kräuter mit in den Teig. Frittatensuppe ist Nationalgericht in Österreich.

Fleischklößchen sind schnell und einfach aus Bratwurstbrät von feinen Bratwürstchen gemacht. Das Brät ist fertig gewürzt und wird nur aus dem Wurstdarm in die heiße Brühe gedrückt.

Markklößchen werden aus Knochenmark, Weißbrot, Eiern und Mehl hergestellt und klassisch mit Piment, Muskat und Petersilie gewürzt. Markklößchen gibt es als Fertigprodukt in der Kühltruhe. Häufig auch beim Metzger.

Grießklößchen werden aus Milch, Grieß, Eiern und Butter gemacht. Der Grieß wird in die heiße Milch gegeben, nach dem Ausquellen kommen Eier und Butter dazu. Aus der Masse werden mit zwei Löffeln kleine Klößchen oder Nocken geformt und diese in Brühe oder Wasser gegart. Je nach Geschmack gibt es die

Klöße süß oder herzhaft, sie schmecken z. B. auch in kalten Fruchtsuppen oder in heißen Brühen.

Crôutons werden gerne auf Tomatensuppen gegeben. Sie sind schnell gemacht: Weißbrot entrinden, in feine Würfel schneiden und in Butter oder Olivenöl knusprig goldbraun anbraten. Auf Küchenkrepp abtropfen lassen. Wer mag, kann Knoblauch mit ins Fett geben oder verschiedene Kräuter, das gibt noch mehr Geschmack. Herzhafter werden Crôutons aus Sauerteigbroten.

Suppennudeln Das Besondere an Suppennudeln ist nur ihre Form und Größe. Sie sind meist sehr klein, typisch sind z. B. Buchstabennudeln, Muschelnudeln oder kleine Sternchen. Sie können in der Suppe mitgekocht werden, dabei geht jedoch etwas Stärke in die Suppe über, das macht sie leicht trüb und etwas sämig. Daher werden die meisten Suppennudeln separat in Salzwasser gekocht und dann in die Suppe gegeben. Am besten erst kurz vor dem Servieren, denn in der heißen Suppe garen die Nudeln noch nach. Oder wie in Asien – dort werden die Nudeln in Suppentassen gegeben und mit heißer Brühe aufgefüllt.

Zum Gebrauch

Damit Sie Rezepte mit bestimmten Zutaten noch schneller finden können, stehen in diesem Register zusätzlich auch beliebte Zutaten wie **Huhn** und **Porree** – ebenfalls alphabetisch geordnet und **hervorgehoben** – über den entsprechenden Rezepten.

Die BRIGITTE-Kochbuch-Edition

ISBN 978-3-8338-1505-8

ISBN 978-3-8338-1506-5

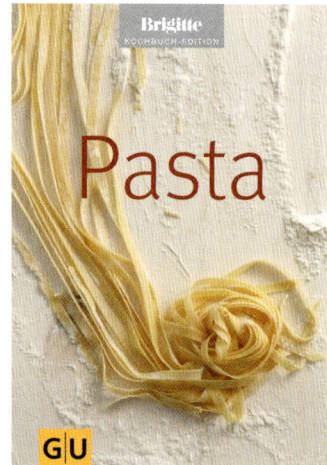

ISBN 978-3-8338-1507-2

ISBN 978-3-8338-1511-9

ISBN 978-3-8338-1512-6

ISBN 978-3-8338-1513-3

NIE WIEDER ZETTELWIRTSCHAFT! Die beliebtesten Rezepte aus der BRIGITTE werden hier vom Kochbuch-Spezialisten GU endlich in einer Edition präsentiert. Rezepte für jeden Anlass, für jede Saison – natürlich mit allen Klassikern und mit vielen Neuheiten. Freuen Sie sich darauf und sammeln Sie mit!

Mehr Kochen war noch nie

ISBN 978-3-8338-1508-9

ISBN 978-3-8338-1510-2

ISBN 978-3-8338-1509-6

ISBN 978-3-8338-1514-0

ISBN 978-3-8338-1515-7

ISBN 978-3-8338-1516-4

KOMPETENT: zwei starke Marken – BRIGITTE und GU – garantieren höchste Qualität und Gelingsicherheit. **WERTVOLL:** schöne Ausstattung mit Lesebändchen. **UNVERWECHSELBAR:** herausragende Gestaltung, auffällig schöne Fotografie. **EMOTIONAL:** das Gute-Laune-Gefühl der BRIGITTE in Buchform.

IMPRESSUM

© 2008

GRÄFE UND UNZER VERLAG GmbH, München

Gruner + Jahr AG & Co KG, Hamburg

Alle Rechte vorbehalten. Nachdruck, auch auszugsweise, sowie Verbreitung durch Film, Funk, Fernsehen und Internet, durch fotomechanische Wiedergabe, Tonträger und Datenverarbeitungssysteme jeglicher Art nur mit schriftlicher Genehmigung des Verlages.

Liebe Leserin, lieber Leser,

wir freuen uns, dass Sie sich für ein Buch der Brigitte-Kochbuch-Edition entschieden haben. Mit Ihrem Kauf setzen Sie auf Qualität und Kompetenz zweier starker Marken: Brigitte und GU. Dafür bedanken wir uns bei Ihnen.

Um in Zukunft noch besser auf Ihre Wünsche eingehen zu können, ist uns Ihre Meinung wichtig. Bitte senden Sie uns Ihre Anregungen, Ihre Kritik, Ihr Lob und auch Ihre Fragen zu unseren Büchern. Wir freuen uns auf Ihre Nachricht!

GRÄFE UND UNZER VERLAG

Leserservice

Postfach 86 03 13

81630 München

Montag – Donnerstag: 8.00 – 18.00 Uhr

Freitag: 8.00 – 16.00 Uhr

Tel: 0180-5 00 50 54*

Fax: 0180-5 01 20 54*

E-Mail: leserservice@graefe-und-unzer.de

*(0,14 €/Min. aus dem dt. Festnetz/ Mobilfunkpreise können abweichen.)

BRIGITTE

Leserservice

Tel: 040-370 30

Fax: 040-37 03 56 34

E-mail: infoline@brigitte.de

Chefredakteur BRIGITTE Andreas Lebert

Programmleitung GU Doris Birk

Projektleitung und Rezeptauswahl Burgunde Uhlig (BRIGITTE), Birgit Rademacker (GU)

Texte Katja Jührend (BRIGITTE)

Rezeptbearbeitung Frauke Prien (BRIGITTE)

Lektorat Katharina Lisson

Korrektorat Mischa Gallé

Layout, Typografie und Umschlaggestaltung independent Medien-Design, München

Satz Uhl + Massopust, Aalen

Herstellung Petra Roth

Reproduktion Longo AG, Bozen

Druck und Bindung Mohn media Mohndruck GmbH, Gütersloh

ISBN 978-3-8338-1515-7

1. Auflage 2008

Rezepte, Produktion und Foodstyling BRIGITTE-KOCHRESSORT

Bildnachweis

Fotografie Thomas Neckermann

Seite 58, 68, 112 Ulrike Holsten

Seite 20 Michael Holz

Seite 18, 62, 104 Maike Jessen

Seite 120 Janne Peters

Seite 22, 24, 48 Klaus Willenbrock

Seite 14 Götz Wrage

Titel

Foto Ulrike Holsten

Assistenz Verena Kallweit

Styling Dietlind Wolf

Foodstyling Nicole Müller-Reymann

Ein Unternehmen der
GANSKE VERLAGSGRUPPE